# Mme Kergomard

## Cinquante Images Expliquées

LIBRAIRIE HACHETTE ET Cie

8°R
16907

# CINQUANTE
# IMAGES EXPLIQUÉES

CORBEIL. — IMPRIMERIE ÉD. CRÉTÉ.

# CINQUANTE
# IMAGES EXPLIQUÉES

PAR

M<sup>me</sup> PAULINE KERGOMARD

Inspectrice générale des Écoles maternelles

PREMIÈRE SÉRIE

DEUXIÈME ÉDITION

PRIX: 2.00

PARIS

LIBRAIRIE HACHETTE ET C<sup>ie</sup>

79, BOULEVARD SAINT-GERMAIN, 79

1900

Droits de propriété et de traduction réservés

# EXPLICATIONS
# DES IMAGES

### L'imprudence de Jacques.

Je crois nécessaire de faire observer dès le début que je n'ai pas eu l'intention d'offrir ici un volume de contes ou d'historiettes; mais que j'ai voulu simplement réunir une série d'exercices destinés à éveiller l'intelligence des enfants, puis à les conduire naturellement à comprendre les récits qu'on leur fera plus tard et à raconter eux-mêmes.

Car mes observations de tous les jours m'ont convaincue, sans aucun doute possible, que l'enfant de trois à quatre ans — à plus forte raison celui de deux ans — n'est pas apte à suivre l'enchaînement d'un récit qui se déroule d'après un plan déterminé. Ce qu'il comprend, ou du moins ce qu'il croit comprendre et ce qui l'amuse prodigieusement, ce sont les petits contes bébêtes où les mêmes idées, trop souvent saugrenues, sont répétées, ressassées toujours dans les mêmes termes, et que leur monotonie, fatigante pour les gens qui raisonnent, a fait baptiser du nom bien étranger à la pédagogie mais très caractérisque de « scies ».

L'enfant aime les « scies », c'est incontestable. Est-ce à dire que nous désirions en nourrir son esprit ? Certainement non ; mais au moins mesurons l'écart qui existe entre les « scies » qu'il aime et les espèces de sermons moraux que nous lui imposons à l'école ; notre erreur nous sautera aux yeux, et désormais nous nous efforcerons de mettre à sa portée les choses sensées que nous lui dirons.

Malheureusement, notre littérature enfantine nous aide bien peu. Elle dépasse presque toujours le niveau des esprits auxquels elle s'adresse et, sauf les albums dont ceux de Stahl sont le modèle le plus parfait, je ne vois vraiment rien que les enfants de cinq ans puissent comprendre et goûter.

Mais ceux de quatre ans, alors ? et ceux de trois ?

Tout les déroute dans la plupart de nos histoires : les idées, d'abord ; les expressions ensuite ; les expressions surtout... parce que nous y faisons moins attention qu'aux idées. Une phrase un peu ample leur fait perdre le fil des événements ; un pronom (nous ne nous en doutons pas et c'est pourtant réel), un pronom les plonge dans l'obscurité. Pour eux, « il » ou « elle » ne remplace pas naturellement Paul ou Marthe, et ils ne sauraient avoir l'idée de chercher l'antécédent d'un relatif. De sorte que, sans nous en douter, nous ne parlons pas le même langage, les pauvres petits et nous. Et c'est notre faute ; car lorsqu'il s'agit de l'intelligence et de l'âme enfantines, nous devrions apporter au dosage des connaissances et des sentiments les soins méticuleux du chimiste préparant les éléments de ses combinaisons.

Nous n'en sommes là ni les uns ni les autres ; ni vous ni moi ; mais nous *voulons* acquérir cette aptitude nécessaire, et c'est pour nous acheminer vers notre but que j'ai préparé, et que je dédie aux maîtresses des écoles maternelles et des classes enfantines, de même qu'à tous les éducateurs des petits enfants, les exercices qui composent ce volume.

Encore une fois ce ne sont pas des histoires, puisque je suis persuadée que les petits enfants ne les comprennent pas. Ce sont des explications d'images ; c'est plus que cela et mieux que cela encore : *des images lues*, si je puis m'exprimer ainsi ; car mon désir est d'enseigner aux enfants à *lire les images* aussi facilement qu'ils liront plus tard les histoires imprimées. C'est un exercice concret précédant un exercice abstrait.

Ces images ont pour but d'attirer le regard de l'enfant, d'exciter sa curiosité, de développer progressivement ses dispositions à la comparaison, de l'amener à reconnaître les êtres et les objets qui lui sont familiers, à discerner les actes des individus et jusqu'à leurs sentiments d'après leur physionomie. Nous voulons qu'après une série plus ou moins longue d'exercices quotidiens, les enfants auxquels on montrera l'image ci-dessous, par exemple, disent soit en bon français, soit dans leur jargon enfantin: « Je vois un petit garçon tout seul dans un bateau ; il va tomber ; il lève les bras en l'air ; et puis je vois deux hommes qui courent vers lui, et une femme à la fenêtre qui lève les bras en criant. »

Sans doute, ils n'en verront pas davantage ; alors la maîtresse ou le maître interviendra : « Tout le monde a peur, tout le monde crie en levant les bras, et le pauvre enfant appelle au secours, parce que le bateau va être entraîné sous cette grande roue, et que le pauvre petit sera écrasé et puis noyé. »

La scène est émouvante ; elle doit impressionner les enfants qui voudront la regarder encore, jusqu'à ce qu'un jour l'un d'eux, qui l'aura mieux comprise que les autres, ou qui sera plus sensible, s'écrie : « Oh ! pas celle-ci ; elle me fait trop de peine. »

Nos enfants de trois à sept ans en sont-ils là ? Hélas ! je crois qu'ils en sont *très loin*. Dans chacune de mes inspections, j'essaye de faire « lire les images ». « Que vois-tu ? — Un cheval, un homme, une petite fille, » me répondent les plus avancés, et c'est bien cela en effet. « Que font-ils ? » Ah ! cela devient plus difficile ; quelques enfants cherchent (je dis « quelques enfants », parce qu'en général on ne réfléchit pas à l'école maternelle ; parce qu'on est trop habitué à entendre la maîtresse répondre elle-même, et presque tout de suite à la question qu'elle a posée) ; mais enfin quelques enfants cherchent, et il n'est pas rare d'entendre *les plus grands* dire : « Le cheval tourne la meule, ou le cheval tire une voiture ; l'homme fait des souliers, ou l'homme pétrit le pain ; la petite fille fait le ménage ; » mais, si l'image est un peu plus compliquée, ou, si je veux pousser un peu plus loin mon investigation, les enfants restent muets. Quant aux petits, il est bien rare qu'ils puissent dire un mot.

A quoi attribuer ce manque de coup d'œil et ce mutisme, cette sorte d'impuissance *à voir* et *à raconter* ce qu'un enfant élevé dans sa famille détaille si facilement, et souvent avec tant de brio ? C'est tout simplement au procédé employé dans nos écoles. L'image accrochée au porte-tableau fait toujours les frais de l'explication ; l'enfant la voit de loin, et quoiqu'il la voie tous les jours, c'est pour lui comme une étrangère ; il n'est pas familiarisé avec elle ; ils en sont ensemble *à la visite de cérémonie* ; chaque fois on procède d'après une sorte de rite ; c'est de la convention ; la vie manque.

L'enfant dans sa famille, au contraire, feuillette *lui-même* l'album qui est devenu sa *chose*. Parmi les images dont se compose cet album, il en a d'abord adopté une

L'Imprudence de Jacques.

à l'exclusion de toutes les autres; il n'a vu que celle-là : il n'a voulu voir qu'elle ; il y est sans cesse revenu. Puis, peu à peu, il a fait de nouvelles connaissances et, finalement, toute la collection y a passé. Et comme il raconte tout, maintenant et comme il commente ! « Voici un petit garçon qui pleure parce qu'on lui lave la figure. C'est bien vilain; personne ne voudra l'embrasser. — Voici la petite fille qui donne à manger aux poulets; elle crie : « Petits, petits ! » voyez comme ils se dépêchent, voyez ce gros-là qui fait le gourmand ! — Voici une couvée de petits canards; la maman cane leur a dit : « Couin, couin, couin. » Ça voulait dire : Mes enfants, vous êtes assez grands pour venir à l'eau avec moi, et les voilà qui partent. »

Oh ! il les connaît toutes, et je le répète, ce n'est pas étonnant; il les a vues cent fois et, chose à noter, il les trouve chaque jour plus intéressantes ; il finit par en apprécier l'ensemble et les détails; une légende au-dessous serait tout à fait inutile; elle pourrait même être dangereuse, car les termes dérouteraient sans doute le petit lecteur. (Nous ne faisons pas de confusion, n'est-ce pas? *l'enfant lit les images*, c'est-à-dire les comprend et les explique avant de connaître les lettres de l'alphabet.)

L'enfant qui est chez lui feuillette lui-même; *tout* est là; tant que celui qui vient à l'école ne feuillettera pas, tant qu'il en sera réduit à la grande image — jamais assez grande d'ailleurs — accrochée au porte-tableau, les images resteront pour lui à peu près indéchiffrables.

Pour qu'il feuillette lui-même, nous avons fait tirer en quantité chacune des images qui composent ce volume; nous espérons que les maîtresses l'aideront à les coller dans des albums et que, bientôt, grands et petits *liront* ces albums comme nous lisons nos livres.

Mais n'essayez pas de faire voir aux petits tout ce que

verront les grands; n'essayez même pas, pour les petits, de bâtir des histoires; et s'ils vous disent avec plus ou moins de précision et de propriété de termes ce que nous avons déjà indiqué plus haut :

« Je vois un petit garçon tout seul dans un bateau. Le petit garçon va tomber, il lève les bras en l'air. Et puis, je vois deux hommes qui courent, et une femme à la fenêtre; elle lève les bras; elle crie. » Déclarez-vous satisfaites.

Alors vous questionnerez surtout ceux qui n'ont pas parlé, soit qu'ils n'aient pas *vu*, soit qu'ils ne sachent pas encore s'exprimer. « Montre le bateau, direz-vous, où est-il? as-tu vu des bateaux? où en as-tu vu? Montre le petit garçon : que fait-il? pourquoi crie-t-il? Pourquoi les deux hommes crient-ils? pourquoi la dame crie-t-elle? Les petits enfants doivent-ils aller seuls dans les bateaux ? et vous concluez : je crois que le petit garçon a désobéi; si les deux hommes ne l'avaient pas entendu il se serait noyé. »

Pour les grands...

Mais comme ce doit être simple et court encore pour les grands de quatre à six ans !

« Vous avez vu le moulin à eau bâti au bord de la rivière? Vous connaissez tous la grande roue que l'eau fait tourner? Vous savez que c'est elle qui fait tourner la meule? Eh bien, l'autre jour il a failli arriver un grand malheur. Le fils du meunier est entré dans le bateau amarré, c'est-à-dire attaché devant la maison du maire. Son papa et sa maman le lui avaient pourtant bien défendu, parce que c'est très dangereux. La corde ou l'amarre s'est cassée, le bateau s'est mis à filer aussi vite que la rivière, qui court, comme vous savez, en cet endroit; et le petit Jacques a été bientôt tout près de la grande roue. Le pauvre enfant s'est mis à pousser des cris déchirants. Sa maman, qui était à travailler dans sa chambre, les a entendus; son papa et le garçon meunier les ont entendus aussi. La pauvre mère s'est précipitée à la croisée, les deux hommes ont couru vers la rivière... Ils sont arrivés à temps... juste au moment où l'énorme roue allait entraîner le bateau et le petit Jacques, dont la désobéissance a failli être si cruellement punie. »

Et n'insistez pas sur la morale. Ne refroidissez pas l'émotion; puis questionnez sobrement, sans vous perdre dans les détails, sans accumuler, comme on le fait trop souvent, les questions à côté du sujet, sans tomber dans la leçon de choses.

« Comment s'appelle ce petit garçon, de qui est-il le fils? son papa lui a-t-il permis d'aller seul dans le bateau? pourquoi la rivière est-elle encore plus dangereuse en cet endroit qu'ailleurs? Qu'est-il arrivé dès que Jacques a été dans le bateau? Jacques s'est-il noyé? Qu'est-ce qui l'a empêché de se noyer?

Cet exercice d'interrogations achevé, faites parler les enfants. L'un dira une phrase dont le bateau sera le sujet : « Le bateau va sur l'eau « ou bien « le bateau va très vite parce que l'eau va très vite » ou bien le bateau va se briser contre la roue du moulin.

Un autre parlera de Jacques qui est imprudent — puisqu'il fait des choses dangereuses — et désobéissant — puisqu'il fait ce que son papa lui a défendu —; ou bien de Jacques qui est le fils du meunier. Et alors seulement vous pourrez vous féliciter de vous être fait comprendre, tandis que cette satisfaction restera toujours inconnue des maîtresses qui se bornent à *expliquer*. Tenez, voici un exemple pris sur le vif :

Les enfants d'une école maternelle avaient récité une poésie intitulée *l'Écolier docile*, poésie très courte, très simple, que la directrice avait *expliquée plusieurs fois*, m'a-t-elle affirmé, et je l'ai cru.

J'ai questionné une petite fille : « Sais-tu ce que c'est

qu'un écolier ? — Oui; c'est pour se mettre au cou !!! — Je ne comprends pas bien ce que me répond ta petite amie, dis-je à une autre petite fille; dis-moi, toi, ce que c'est qu'un écolier. — C'est des perles pour se mettre au cou. » La même question faite à un petit garçon a amené la même réponse. La directrice était désolée et ne cessait de répéter : « Je le leur ai cependant expliqué ! » Et je n'en doutais pas ; mais l'écolier et *les* colliers sonnent à peu près de la même manière à l'oreille de l'enfant : de là l'erreur.

Ah ! si l'on avait été moins vite ! si l'on avait parlé de l'école, puis de l'écolier et de l'écolière, si l'on avait *arrêté* l'enfant sur cette idée, si de lui-même il avait trouvé quelque chose à dire de l'écolière, de l'écolier, de l'école, il aurait vu clair, au lieu d'être dans un trou !

Mais nous allons à la vapeur ! nous voulons faire entrer les notions par poignées, au lieu de les distribuer sagement ! Il n'y a pas trop d'une quinzaine pour qu'une image soit vraiment bien comprise. Et puis, il faudrait revoir les précédentes; ce qui était resté dans l'ombre autrefois s'éclaire tout à coup...

Mes chères lectrices, n'allons pas trop vite.

## Juliette, sa Poupée, son Chat et son Canari.

SECTION DES PETITS (*de 2 à 4 ans*)

Cette jolie petite fille se nomme Juliette. Juliette aime son papa et sa maman d'abord. Juliette aime aussi son chat, sa poupée et son canari.

Le chat de Juliette se nomme Blanchet. C'est un beau chat avec de longs poils blancs et une grande queue. Comme Blanchet est très content d'être sur les genoux de Juliette, il fait *miaou! miaou!* d'une voix douce. Mais monsieur le chat n'est pas toujours gentil. Quand il se fâche il fait *miaou! miaou!* si fort qu'on l'entend dans toute la maison.

La poupée se nomme Claire. Claire ne parle pas, Claire ne chante pas, parce que les poupées ne sont pas en vie.

Pour jouer à la petite maman, Juliette couche Claire sur son petit lit de poupée.

Le canari est couvert de plumes jaunes comme de l'or. Il sautille dans sa cage en chantant sa chanson : *tul tul tul tul*

Tous les matins Juliette donne à manger au petit oiseau : des graines, de la salade fraîche, du sucre, du biscuit.

C'est un oiseau joliment gâté: comme un petit enfant. Aussi monsieur Canari est heureux, et il chante en s'éveillant, et encore pendant toute la journée: *tul tul tul tul*

Si Juliette ouvrait la cage, le petit oiseau jaune s'en-

Juliette, sa poupée, son chat et son canari.

volerait, et peut-être que monsieur Blanchet le croquerait.

C'est la maman de Juliette qui lui a dit de ne pas ouvrir la cage, et Juliette est obéissante.

Vous voyez cette dame près de la fenêtre? C'est la maman de Juliette. Elle s'est mise là pour voir clair.

**Questionnaire.** — Mes enfants, montrez-moi la petite fille. — Comment se nomme-t-elle ? — Qui aime-t-elle ? — Est-ce que l'on voit le papa de Juliette sur l'image ? — Et sa maman ? — Où est la maman ? — Près de quoi est-elle assise ? — Pourquoi s'est-elle mise près de la fenêtre ? — Montrez le chat. — Comment s'appelle-t-il ? — De quelle couleur est-il ? — Pourquoi est-il content ? — Comment crie-t-il, quand il est content ? — Et quand il est fâché ? — Montrez la poupée. — Comment s'appelle-t-elle? — Est-ce qu'elle remue ? — Est-ce qu'elle parle ? — Pourquoi ne remue-t-elle pas ? — Pourquoi ne parle-t-elle pas ? — Montrez le canari. — De quelle couleur sont ses plumes ? — Où est-il? — Que fait-il ? — Chantez comme le canari. — Qu'est-ce que Juliette donne à manger au canari ? — Pourquoi est-il content ? — Que fait-il quand il est content ? — Pourquoi Juliette n'ouvre-t-elle pas la cage ? — Qui lui a recommandé de ne pas ouvrir la cage ? — Comment appelle-t-on les enfants qui obéissent à leur maman, à leur papa, à leurs maîtresses ?

---

## SECTION DES GRANDS (de 4 à 6 ans)

Je vous présente une charmante petite fille qui s'appelle Juliette; je vous présente aussi son chat, monsieur Blanchet, puis sa poupée Charlotte, et son canari dans la cage.

Enfin, vous voyez, derrière le rideau et près de la fenêtre, la maman de Juliette.

Blanchet, Charlotte et le canari sont les trois bons amis de Juliette. Quand elle a fini ses devoirs, et quand sa maman n'a pas de commissions à lui faire faire, elle vient jouer avec eux.

Dès que le canari l'aperçoit, il lui chante sa chanson : *tu! tu! tu!* La chanson du canari éveille Blanchet, qui dormait tout en rond près de la cheminée, et Blanchet se met à crier: *miaou! miaou!* en faisant le gros dos pour que Juliette le caresse. La poupée ne dit rien, parce qu'elle n'est pas en vie; mais Juliette l'aime bien tout de même; elle lui parle comme si c'était un petit enfant : « Qu'as-tu fait, ma mignonne, pendant que j'étais en classe? tu as été bien sage? Ah! tu dis que tu as mal à la tête, pauvre chérie, eh bien, je vais te mettre sur ton lit, et tu feras un petit dodo la tête sur ton oreiller. »

Mais monsieur Blanchet, un égoïste qui voudrait pour lui toutes les bonnes choses, toutes les friandises, toutes les caresses, et un jaloux qui est malheureux quand on s'occupe des autres, monsieur Blanchet voulait griffer Charlotte. Alors Juliette a pris le chat dans ses bras pour l'empêcher de faire du mal. Voyez comme il a l'air de mauvaise humeur, le vilain égoïste, le gros jaloux, en regardant la poupée!

**Questionnaire.** — Le chat de Charlotte s'appelle Blanchet, pourquoi? — S'il avait été noir, comment aurait-on pu l'appeler? — et s'il avait été gris? (Peut-être Gris-gris ou bien Grison.) — Avez-vous des chats dans vos maisons, comment s'appellent-ils? — Pourquoi y a-t-il des chats dans vos maisons? — Est-ce seulement pour vous amuser? — Votre chat aime-t-il à se rouler dans la boue, dans le charbon? — Quand il est sale, comment se nettoie-t-il? — Dites-moi ce que vous lui donnez à manger quand il n'a pas attrapé de souris. — Est-ce que votre chat aime beaucoup les chiens? — Lorsque Blanchet s'ennuiera dans les bras de Juliette, il pourra s'en aller; si le canari s'ennuie dans sa cage, pourra-t-il partir, lui aussi? — Pourquoi? — (Parler ici du soin avec lequel il faut tenir la cage fermée.) — Blanchet aime bien à courir dans la chambre, et aussi dehors; et le canari, s'il s'échappait, serait-il longtemps heureux? — (Parler des dangers qui l'attendent.) — Juliette est assise à côté de la table, pouvez-vous dire quelle est la forme de cette table? — Qu'est-ce qu'il y a sur la table? la cage, et puis... quoi? (Il y a la lampe avec son abat-jour pour que la lumière ne fatigue pas les yeux quand la lampe est allumée. Les enfants des villes connaissent tous les lampes; il faudra leur recommander de ne pas y toucher.)

Composition de phrases graduées :
Juliette aime son papa et sa maman. — Juliette a une poupée, un

chat, un canari. — Juliette va à l'école. — Le canari est jaune. — Le canari est un oiseau. — Le canari chante. — La poupée ne parle pas. — La poupée ne parle pas, parce qu'elle n'est pas en vie. — Le chat, le canari et la poupée sont les amis de Juliette. — Juliette joue avec son chat, avec son canari et avec sa poupée quand elle revient de l'école. — Si la cage restait ouverte le canari s'envolerait. — Le chat veut tout garder pour lui; c'est un égoïste. — Le chat n'aime pas que Juliette caresse la poupée; c'est un jaloux.

## Le brave petit Paul.

### SECTION DES PETITS (*de 2 à 4 ans*)

« Bonjour, Madame, » dit ce petit garçon qui s'appelle Paul à la femme qui est devant la porte de sa maison.

Et, en disant bonjour, Paul a ôté son chapeau.

Paul est vraiment bien poli. Son papa et sa maman lui ont dit qu'il faut toujours ôter son chapeau en disant bonjour, il fait ce qu'on lui a dit. Il est docile.

Ce petit Paul, qui est poli et docile, est un garçon bien propre. Il n'a pas un bien beau costume : il n'a qu'une blouse noire, un pantalon noir, des sabots, et pourtant l'on dirait qu'il a mis ses vêtements des dimanches.

Et la jeune femme qui est devant la porte, est-elle jolie, avec son tablier blanc, son fichu blanc, son bonnet blanc, sa chemise blanche, son cou et ses bras blancs. Elle a mis un collier pour être encore plus jolie.

Je crois que, dans sa maison, elle était en train de faire le beurre, et qu'elle est sortie quand elle a entendu les sabots de Paul sur les cailloux de la cour.

Une jolie maison avec des branches de fleurs qui tombent du toit, et un pigeonnier avec de beaux pigeons blancs.

La femme s'appelle Madeleine, elle va faire entrer Paul.

Paul dira à Madeleine ce qu'il a à lui dire, et puis je crois qu'il goûtera le bon beurre de Madeleine.

**Questionnaire.** — Comment s'appelle ce petit garçon? — Y a-t-il ici des petits Paul et des petites Pauline? — Petits Paul et petites Pauline, levez-vous. — Comment s'appelle la femme? — Y a-t-il des Madeleine ici? — Montrez-moi les petites Madeleine. — Que fait Paul? — Qu'est-ce qu'on est quand on dit bonjour en ôtant son chapeau? — Qui lui a dit de dire bonjour et d'ôter son chapeau? — Qu'est-ce qu'on est quand on fait ce que les grandes personnes vous disent de faire? — Qu'est-ce qui vous fait voir que Paul est propre? — Et Madeleine? — Que faisait Madeleine quand elle a entendu Paul? — Qu'est-ce qui rend la maison jolie? — Montrez le pigeonnier. — C'est la maison de qui? — Qu'est-ce que Paul est venu faire chez Madeleine? — Qu'est-ce que Madeleine donnera à Paul?

---

### SECTION DES GRANDS (*de 4 à 6 ans*)

La maison de M<sup>me</sup> Madeleine n'est pas une belle maison comme on en voit dans les villes; mais voyez comme elle est charmante avec toutes ces branches de verdure qui retombent du toit jusque sur la porte et sur les fenêtres. C'est une maison qui a fait sa toilette de printemps et d'été.

Cette maison, au lieu d'être couverte avec des ardoises ou avec des tuiles, est couverte de paille. C'est une *chaumière*. Tout contre la chaumière, il y a le pigeonnier ou la maison des pigeons, toute ronde, avec des ouvertures autour. Ce sont les portes par lesquelles les pigeons entrent et sortent. Vous en voyez deux haut perchés, on dirait qu'ils font la conversation.

M<sup>me</sup> Madeleine accueille avec un air de bonté ce petit garçon, Paul, qui, le chapeau à la main, a l'air de lui demander quelque chose. Qu'est-ce que Paul peut bien demander à Madeleine? Ce n'est pas l'aumône assurément. Un enfant de l'âge de Paul, si proprement vêtu, si bien élevé, ne demande pas l'aumône.

Voilà : Paul a neuf ans, il est petit pour son âge, mais il est fort et bien portant. C'est l'aîné de quatre enfants; le plus petiot n'a que six mois, on attend sa première

Le brave petit Paul.

dent. La mère de ces quatre enfants ne peut pas aller travailler au dehors, elle est assez occupée chez elle, et le travail du papa ne peut pas suffire à nourrir et habiller sa famille, parce que le papa est maladif depuis une chute qu'il a faite.

Paul a eu une bonne idée dont il n'a parlé à personne, c'était son secret à lui. En rentrant de l'école, il a passé le peigne dans ses cheveux, il a brossé sa blouse, il s'est bien lavé la figure et les mains, et il a couru tout d'un trait jusque chez M<sup>me</sup> Madeleine que tout le village connaît pour être une bonne travailleuse et un bon cœur.

Tout en courant, il se récitait à lui-même ce qu'il voulait dire à Madeleine, et dès qu'il l'a vue sur le seuil de la porte, il lui a dit d'un air si sincère qu'elle a tout de suite souri avec bonté :

« Je viens vous demander si vous voudriez bien m'employer après la classe et aussi le jeudi.

— T'employer, à quoi? lui a répondu Madeleine en souriant.

— A garder votre vache, à aller chercher de la litière pour mettre dans l'étable, à nettoyer la cage des lapins et le pigeonnier.

— Et... qui t'a engagé à venir me parler, mon enfant ?

— C'est moi tout seul, madame Madeleine; si j'en avais parlé à papa et à maman, on m'aurait peut-être dit que j'étais trop petit, que je me fatiguerais, et puis que je ne saurais pas mes leçons à l'école. Mais je suis bien fort, allez! et puis, mes leçons je les apprendrai en gardant votre vache, qui est une si bonne bête. Nous nous connaissons bien tous les deux ! »

Je vous ai dit que Madeleine a bon cœur, elle s'est entendue avec Paul séance tenante, c'est-à-dire tout de suite. Elle lui donnera tous les jours son souper, et puis elle lui fournira des vêtements, non seulement pour lui, mais pour ses trois petits frères.

Paul est bien heureux, et ses parents sont bien heureux aussi d'avoir un si brave fils.

Si vous regardez bien à droite de l'image, vous verrez que Paul gardera la vache dans un beau pays. La chaumière de Madeleine est bâtie tout près d'un grand creux rempli d'eau. Ce creux, bien plus large que tout le village et les prairies et les champs qui sont autour, est très profond aussi. L'eau en est toute bleue comme le ciel dans les plus beaux jours. Ce grand creux plein d'eau s'appelle un lac; il est tout entouré de montagnes couvertes de prairies et de belles forêts. Paul, en regardant l'eau bleue comme le ciel, les montagnes vertes, les beaux nuages blancs et roses qui enveloppent quelquefois le sommet de ces montagnes, et les vapeurs qui s'élèvent du lac, apprendra sans doute à aimer les belles choses.

Ces belles choses qu'il verra et que les hommes ne peuvent pas faire s'appellent la nature.

**Questionnaire.** — Paul est-il un mendiant? — A quoi reconnaissez-vous que Paul n'est pas un mendiant? — Que demande-t-il à Madeleine? — Pourquoi le lui demande-t-il? — Qui avait engagé Paul à s'adresser à Madeleine? — Pourquoi n'avait-il pas demandé conseil à ses parents? — Est-ce que Madeleine a bien voulu prendre Paul comme serviteur? — Pourra-t-il continuer à apprendre ses leçons? — Décrivez la chaumière de Madeleine. — Près de quoi est-elle bâtie? — Comment s'appelle ce creux rempli d'eau? — Est-ce joli un lac? — De quelle couleur est l'eau du lac quand il fait beau temps? — Y a-t-il des enfants qui ont vu un lac?

Composition de phrases graduées :
Paul est un enfant propre, poli et docile. — Paul est propre parce qu'il se lave et qu'il fait attention à ses vêtements. — Paul est poli parce qu'il dit bonjour et qu'il ôte son chapeau. — Les petites filles polies disent bonjour sans ôter leur chapeau. — Paul est docile, parce qu'il fait ce que son papa et sa maman lui disent de faire. — Un enfant docile et un enfant obéissant c'est la même chose. — Paul gardera la vache de Madeleine dans un beau pays. — Il apprendra sa leçon en gardant la vache. — Paul trouvera que l'eau bleue du lac et les montagnes vertes sont bien jolies. — Les lacs, les montagnes,

le ciel, la plaine, les arbres, tout ce que nous voyons dans la campagne et que les hommes ne peuvent pas faire; c'est la nature.

**Observations pour les maîtresses.** — Appeler l'attention des enfants sur la propreté et le *bon air* de Madeleine et de Paul. Faire remarquer que la maison elle-même a une bonne apparence. Quelques graines semées au bon moment font la toilette d'une maison.

Parler sobrement et faire parler sobrement au sujet du *site*. Faire un lac dans le sable et élever des montagnes autour.

Insinuer plutôt que faire comprendre à vos petits auditeurs qu'ils peuvent se rendre utiles de bonne heure, sans renoncer pour cela à leur métier d'enfants. Beaucoup d'occupations campagnardes sont de vrais délassements, surtout pour l'enfant qui va à l'école. C'est une compensation à l'immobilité relative qu'il est obligé de garder, et aussi à la tension d'esprit qu'il est obligé de fournir.

Mais tout cela doit être insinué, je le répète; cela doit être « lancé », comme les miettes de pain que les moineaux happent au vol dans nos jardins publics. Le grain, ainsi semé, germera un jour... ou l'autre.

## La chasse au rat.

### SECTION DES PETITS (*de 2 à 4 ans*)

Voici un homme qui a l'air bien en colère ; — il ferme les poings et lève son pied chaussé d'un gros sabot, — et puis voilà un petit garçon qui va donner un coup de balai. L'homme et le petit garçon veulent écraser ce rat qui s'enfuit de toutes ses forces, la queue étendue et les moustaches raides. Le rat a bien peur. Il a peur du sabot de Jean-Pierre; il a peur aussi du balai de François.

Mais d'où vient-il? pourquoi traverse-t-il l'écurie, puisqu'il sait que Jean-Pierre et François ne sont pas ses amis?

Vous voyez bien ce gros sac et un grand garçon courbé dessus?

Dans ce sac il y a de l'avoine pour le repas des chevaux. Le rat aime beaucoup l'avoine, lui aussi; il était entré dans le sac pour se régaler; lorsque le grand garçon qui s'appelle Louis a ouvert le sac pour donner de l'avoine aux chevaux, le rat est sorti brusquement; Louis a poussé un cri et Jean-Pierre et François veulent tuer le rat.

Vous voyez les chevaux, il y en a trois; vous voyez aussi le râtelier avec le foin et la mangeoire dans laquelle Louis versera l'avoine du sac. Il y a un collier pendu au mur.

**Questionnaire.** — Montrez-moi d'abord le fermier et dites-moi son nom. — Montrez-moi le petit garçon et dites-moi son nom. — Que fait Jean-Pierre? — Que fait François? — Pourquoi veulent-ils tuer le rat? — Montrez le sac d'avoine. — Qui est courbé sur le sac d'avoine? — Pour qui est l'avoine qui est dans le sac? — Quand le rat est-il sorti du sac? — Montrez les chevaux ; combien y en a-t-il? — Montrez celui de droite, puis celui de gauche, puis celui du milieu. — Que mangent-ils? — Où est le foin? — Montrez le collier.

---

## SECTION DES GRANDS (*de 4 à 6 ans*)

Le fermier Jean-Pierre, son fils aîné Louis et le petit François se lèvent le matin en même temps que le soleil, et, avant de revêtir leur costume de travail, à peine habillés, sans prendre le temps de déjeuner, ils vont soigner les chevaux à l'écurie. Les bons cultivateurs savent qu'il faut s'occuper des bêtes d'abord. Les chevaux ont besoin de plus de temps que les hommes pour prendre leur repas ; si on les pressait trop, ils ne mangeraient pas assez ou ils avaleraient trop vite et ils tomberaient malades.

Le père et les fils ont chacun leur besogne à l'écurie : Jean-Pierre étrille les chevaux, c'est-à-dire qu'il brosse bien leur poil avec une brosse dure ; François va chercher de l'eau, et puis il balaye le sol, parce que la propreté est aussi nécessaire à la santé du bétail qu'à la santé des hommes ; et Louis, qui est dans toute la force de ses vingt ans, remplit de foin le râtelier et transporte le sac d'avoine dans lequel il puise la ration de ses bêtes.

Comme il déliait son sac, tout à l'heure, il a poussé un cri : un rat a passé entre ses doigts et a pris la fuite vers la porte de l'écurie. Mais Jean-Pierre et François sont là, l'un avec son lourd sabot, l'autre avec son balai, et je crois bien que la pauvre petite bête ne sortira pas vivante de l'écurie.

La chasse au rat.

Ne vous semble-t-il pas que le fermier et son fils sont bien cruels de tuer ce pauvre petit animal? Ne leur en voulez-vous pas un peu? Moi, je leur en voudrais beaucoup s'ils prenaient plaisir à le tuer, et surtout s'ils le faisaient souffrir longtemps. Mais Jean-Pierre et François ne sont pas cruels; ils savent seulement que le rat est un des plus grands ennemis de la ferme, et il faut bien se débarrasser de ses ennemis! Les rats ont un appétit insatiable — ils ont toujours faim — *tout* leur est bon : pain, fromage, lard, chandelles, papier, étoffes, grains. Les rats et les souris — les souris ressemblent aux rats — mangent de tout et finissent même par se manger les uns les autres.

Jean-Pierre et François font leur devoir en tuant le rat.

**Observations pour les maîtresses.** — Cette histoire si courte peut être le point de départ de plusieurs récits intéressants dont le rat est le héros. Il y a dans La Fontaine un certain nombre de fables que la directrice pourra *raconter* aux enfants (je dis raconter, parce que ces fables ne peuvent pas toutes être apprises par des enfants de six ans): *Le rat de ville et le rat des champs* (qui peut être apprise); *Le lion et le rat* (qui peut être apprise); *Le rat et l'huître; Conseil tenu par les rats; Le rat qui s'est retiré du monde,...* trop difficiles à apprendre.

**Questionnaire.** — Jean-Pierre et ses fils sont-ils travailleurs ou paresseux? — Quand se lèvent-ils? — Et s'ils étaient paresseux, quand se lèveraient-ils? — Que font-ils avant de déjeuner? — Pourquoi servent-ils les chevaux avant de se servir eux-mêmes? — Dites-nous ce que fait Jean-Pierre dans l'écurie. — Et Louis? — Et François? — Racontez ce qui est arrivé ce matin pendant que Louis déliait son sac d'avoine. — En voyant le rat qui se sauvait, qu'ont fait Jean-Pierre et François? — Les fermiers ont-ils raison de tuer les rats? — Dites pourquoi ils ont raison. — Y a-t-il des rats chez vous? — Comment fait votre maman pour s'en débarrasser? — Quel est le meilleur moyen de se débarrasser des rats?

Composition de phrases très simples dont le fermier sera le sujet :
Le fermier s'appelle Jean-Pierre. — Le fermier se lève matin. — Le fermier va tuer le rat, etc.
(Prenons maintenant François pour sujet) :

François est le fils du fermier. — François est le plus jeune fils du fermier. — François balaye l'écurie, etc.
(Prenons maintenant Louis pour sujet) :
Louis est le fils aîné de Jean-Pierre. — Louis donne à manger aux chevaux. — Louis a vu le rat s'échapper du sac.

Phrases composées de propositions liées :
Le fermier a deux fils qui travaillent avec lui. — Le fermier et ses fils veulent tuer le rat parce qu'il mange la nourriture des chevaux. — Les chevaux mangent du foin et de l'avoine ; on les sert avant les hommes parce qu'ils mettent plus de temps à manger que les hommes.

Faire expliquer l'image par un seul enfant.

## Une école d'autrefois.

SECTION DES PETITS (*de 2 à 4 ans*)

Voici une école. Nous voyons le maître, une petite fille qui baisse la tête parce que le maître la gronde, et puis d'autres petites filles assises au gradin. Comptons-les. Nous en voyons neuf. Avec la petite fille qui n'a pas été sage, cela fait dix. Peut-être y a-t-il encore une autre élève ; mais le maître nous empêche de la voir. S'il y a une autre élève, cela fait onze élèves en tout.

Onze élèves dans une classe, ce n'est pas beaucoup. Il y en a beaucoup plus dans votre école maternelle. Comptons combien nous sommes ici. Combien cela fait-il de plus que dans l'école de notre image? Pour que ce ne soit pas trop difficile à trouver, séparons-nous en deux groupes. Onze petits enfants vont aller dans une partie de la classe. C'est bien. Voici onze élèves comme sur notre image. Comptons maintenant les autres. Vous voyez que notre calcul était facile à faire.

Le maître est un vieux monsieur, un *vieillard*. A quoi reconnaissons-nous que le maître est vieux? D'abord il est courbé; les vieillards n'ont plus assez de force pour se tenir droits. Ensuite il a perdu tous ses cheveux ; il est *chauve*; et comme les chauves ont froid à la tête, il a mis un bonnet. Enfin, ses yeux ne peuvent plus voir tout seuls ; il a des *lunettes*. Il en a même deux paires : une paire sur les yeux et une autre paire sur le front. Croyez-vous que les lunettes qu'il a sur le front l'aident à voir?

Une école d'autrefois.

Oh non ! Mais voici : pour lire, pour écrire, pour voir les tout petits objets, il n'a pas assez d'une paire de lunettes et il en met deux paires l'une sur l'autre. Le reste du temps, il en a assez d'une paire, et alors il relève l'autre sur son front pour ne pas perdre son temps à la mettre dans sa poche et à l'en retirer.

Le maître a passé sa plume derrière son oreille pour n'avoir pas à la chercher quand il en a besoin; il a un livre à la main, pour faire réciter la leçon à la petite Françoise, mais Françoise ne l'a pas apprise. C'est pour cela qu'il la gronde. Et aussi parce qu'elle n'est ni peignée ni chaussée.

Mais... qu'est-ce qu'il a donc sous le bras et qui passe derrière son dos ?... Un martinet. Hum !... il n'est pas commode, le vieux maître d'école ! Moi, je n'en ai jamais vu comme cela. Ni vous non plus; il n'y a jamais, jamais de martinets dans les écoles. Maintenant, on ne se sert des martinets que pour battre les meubles et les tapis, afin d'en faire sortir la poussière.

**Questionnaire.** — Montrez le maître d'école. — Est-il jeune ou vieux ? — Comment appelle-t-on les hommes vieux ? — A quoi reconnaissez-vous qu'il est vieux ? — Pourquoi est-il courbé ? — Pourquoi a-t-il un bonnet ? — Pourquoi a-t-il deux paires de lunettes ? — Qu'est-ce qu'il a derrière son dos ? — Est-ce que les maîtres et les maîtresses de maintenant ont des martinets ? — Pourquoi gronde-t-il Françoise ? — Est-ce que Françoise a l'air d'être bien contente ? — Combien y a-t-il d'élèves sur le gradin ? — Maintenant prononcez bien distinctement le nom de la petite fille : Françoise, et dites-moi ce qu'elle doit faire pour que le maître ne la gronde plus.

---

## SECTION DES GRANDS (de 4 à 6 ans)

Vous avez deviné tout de suite, mes enfants, que cette image représente une école. Un seul coup d'œil vous a fait distinguer le vieux maître, la petite fille qui baisse la tête parce qu'on la gronde, les autres enfants, le gradin, la carte de géographie pendue au mur.

C'est une école de campagne; les enfants de la ville sont habillés autrement. Ainsi, dans les villes, les petites filles ont la tête nue; on voit leurs cheveux et la raie blanche. C'est bien plus joli et c'est aussi bien plus *sain*, c'est-à-dire meilleur pour la santé. Malheureusement, à la campagne, on est plus ignorant qu'à la ville, et l'on ne comprend pas encore cela. Cependant, je vois sur cette image quatre petites filles qui n'ont ni bonnet ni foulard; je pense qu'elles sont bien contentes de sentir l'air frais passer à travers leurs cheveux.

Cette école, c'est une école de l'ancien temps. Qui devinera pourquoi? — Parce que c'est un maître et pas une maîtresse pour les petites filles. — Ça, c'est une raison, mais il y en a une autre; qui la trouvera?

Ce qui m'a fait voir tout de suite que c'est une école de l'ancien temps, comme il n'y en a plus du tout, du tout, c'est le martinet que le vieux maître porte sous son bras. Ah! autrefois on n'y allait pas de main morte, dans les écoles! On frappait sur les bavards, sur les paresseux, sur les querelleurs... Aussi, autrefois, ce n'était pas drôle d'être écolier, tandis qu'aujourd'hui... Aujourd'hui, on apprend de jolies choses à l'école, on s'y amuse, on n'a plus peur des maîtres et des maîtresses; on les aime.

Il faut dire que la petite Françoise méritait bien d'être grondée. Sa maman, qui est obligée de partir tous les matins de très bonne heure pour aller faire des lessives, lui recommande de faire sa toilette bien proprement, de faire bouillir son lait pour déjeuner et puis de bien apprendre sa leçon; mais des trois recommandations, la petite paresseuse n'en retient qu'une: celle du déjeuner. Françoise n'a pas de cœur à l'ouvrage; elle ne se peigne pas, espérant que son bonnet cachera le désordre de sa chevelure; elle aime mieux aller nu-pieds que de raccommoder ses bas, et, quant à ses leçons, elle n'en sait jamais un mot.

Elle a été bien souvent grondée pour cela; je crains même que le martinet ne se soit mis de la partie; ses petites compagnes, qui sont actives et propres, se sont souvent moquées d'elle; — voyez, elles la regardent encore en souriant —... Enfin, le maître, découragé, lui dit : « Françoise, retourne chez toi, et ne reviens que quand tu seras de bonne volonté. Tu donnes le mauvais exemple à tes camarades, et tu me fais perdre mon temps. »

Françoise est bien humiliée. Elle fait peine à voir; mais je suis presque sûre qu'elle a compris et que, demain, elle arrivera propre et jolie en classe et sachant admirablement sa leçon. Je suis très sûre, aussi, que ses compagnes l'accueilleront très bien, parce qu'elles savent qu'il faut être bonnes et qu'il faut aider les autres à se corriger.

**Questionnaire.** — A quoi avez-vous reconnu que cette image représente une école? — Est-ce une école de maintenant? — Qu'est-ce qui vous a fait penser que c'est une école de l'ancien temps? — Que fait-on à l'école? — Savez-vous pourquoi on apprend à lire, à écrire, à travailler de ses doigts? — N'apprend-on qu'à travailler à l'école? — Qu'apprend-on encore? (A être de bons camarades, de bons petits enfants.) — Mais pour apprendre toutes ces choses, que faut-il? (De la bonne volonté.) — Est-ce que Françoise avait ce qu'il faut pour être une bonne élève? — Était-elle une bonne fille? — Qu'est-ce qui vous prouve que Françoise n'était pas une bonne fille? — Que lui dit son maître? — Françoise a-t-elle compris? — Qu'a-t-elle fait? — Et ses compagnes, qu'ont-elles fait, elles aussi? — Vaut-il mieux avoir la tête découverte ou couverte? — Dites pourquoi il vaut mieux avoir la tête découverte? (C'est plus joli et surtout c'est plus sain, c'est-à-dire meilleur pour la santé.) — Vaut-il mieux avoir les pieds chaussés? (C'est plus propre; cela évite des blessures et des bobos; c'est plus sain aussi.)

Maintenant, nous allons parler de ce que nous avons vu. Commençons par des phrases *très courtes*. Parlons d'abord du vieux maître :

Le maître d'école est vieux. = Le maître d'école est un vieillard. — Le maître d'école tient un livre à la main. — Le maître d'école a un bonnet noir. — Le maître d'école a mis sa plume derrière son oreille. — Le maître d'école a deux paires de lunettes. — Le maître d'école tient un martinet sous le bras.

Phrases composées dont les parties sont liées par une conjonction :
Le maître d'école a un bonnet, *parce qu*'il est chauve. — Il a deux paires de lunettes, *parce qu*'une paire ne lui suffit pas pour lire. — Il gronde Françoise, *parce qu*'elle ne sait pas sa leçon...

Maintenant parlons de Françoise :
Françoise a les pieds nus. — Françoise baisse la tête. — Françoise ne sait pas sa leçon. — Françoise n'est pas une bonne petite fille. — Françoise a les pieds nus, *parce qu*'elle ne raccommode pas ses bas. — Françoise baisse la tête, *parce qu*'elle a honte. — Françoise ne sait pas sa leçon, *parce qu*'elle est paresseuse. — Françoise n'est pas une bonne petite fille, *puisqu*'elle n'obéit pas à sa mère.

Parlons des autres petites filles :
Je vois des petites filles nu-tête. — Je vois des petites filles avec des bonnets. — Je vois des petites filles avec des foulards. (Maintenant, faites dire cela en une seule phrase : Je vois des petites filles nu-tête, d'autres avec des bonnets, d'autres avec des foulards.) — Les petites filles se moquent de Françoise, *parce qu*'elle est paresseuse et désordonnée. — Les petites filles ne se moqueraient pas des défauts de Françoise, *si* elles étaient bonnes. — Les petites filles aideront Françoise à se corriger, *parce qu*'elles deviendront meilleures, etc.

## La poule qui a couvé des œufs de cane.

### SECTION DES PETITS (de 2 à 4 ans)

La fermière Jeanne est une bonne travailleuse; elle est propre et ordonnée, son tablier est blanc, sa robe n'a aucune déchirure et ses sabots sont nettoyés tous les jours.

Elle regarde sa bonne grosse poule, qui se penche sur l'eau de la mare comme pour se jeter dedans. Jeanne sait bien que sa poule ne peut pas nager comme les canards, elle rit, parce que la poule a l'air de se fâcher contre les petits canards et de leur dire : « Petits imprudents, vous allez vous noyer. »

Jeanne a aussi beaucoup de pigeons, ils volent dans la campagne, ils picorent dans la basse-cour et ils rentrent tous les soirs au pigeonnier. En ce moment, il y a un pigeon perché juste sur le haut du pigeonnier; il y en a un autre qui est en train d'y rentrer, et plusieurs qui volent au-dessus.

La grange est recouverte en chaume, et il y a de beaux arbres derrière; la mare aux canards est jolie avec ses roseaux dedans et un joli arbuste au bord.

Le soir, on rentre la brouette et les outils dans la grange et l'on ferme la porte.

**Questionnaire.** — Montrez Jeanne. — Montrez la poule de Jeanne. — Montrez la mare, les petits canards. — Montrez le pigeonnier, les pigeons; celui qui est perché en haut du pigeonnier; celui qui est en train d'y rentrer; ceux qui volent au-dessus. — Montrez

La poule qui a couvé des œufs de cane.

la grange, les arbres, la brouette. — Tenez-vous tous comme Jeanne, les mains sur les hanches. — Que regarde Jeanne ? — Que fait la poule ? — Qu'est-ce qu'elle dit aux petits canards ?

---

## SECTION DES GRANDS (de 4 à 6 ans)

Jeanne la fermière n'est pas du tout étonnée de la scène que sa grosse poule grise fait aux petits canards, car... voici ce qui est arrivé.

Jeanne avait une brave cane qui couvait une douzaine de beaux œufs. Il y avait déjà huit ou neuf jours qu'elle était sur ses œufs, ne les quittant pas d'une minute, lorsqu'un matin Jeanne la trouva morte, presque froide déjà. Que lui était-il arrivé ? Les animaux ont des ennemis tout comme les hommes ; peut-être qu'un renard était entré dans la grange... En tous cas, il n'avait pas eu le temps d'emporter la pauvre bête.

Jeanne n'a pas perdu son temps à se creuser la tête ; les œufs étaient encore chauds ; il ne fallait pas perdre la couvée. Elle a appelé sa poule favorite qui lui donne deux cents œufs par an : « Cocote ! cote ! cote ! » elle l'a prise dans ses bras, l'a bien caressée et l'a déposée sur les œufs. « Reste là, maintenant. »

La poule a compris que la fermière lui disait : « Couve, » et, pendant vingt et un jours, elle est restée sur les œufs (car il faut un mois pour que les canards soient assez forts pour casser leur coquille), sans se douter de ce qui allait en sortir. Un œuf de poule et un œuf de cane, cela se ressemble beaucoup !

Donc patiemment, comme toujours, elle a attendu que les petits fissent avec leur bec pointu la première fente à la coquille. Aux premiers : « Crac, cric, crac », elle a regardé... Comme c'est drôle ! le bec de ce petit-là n'est pas pointu du tout ! il est plat, aussi large au bout que tout près de la tête! Voyons un autre : il a le même bec! Douze becs plats. Et les pattes courtes, placées tout en arrière, et des pieds!... Jamais poulets n'ont eu cette mine-là!

Mais ce n'est pas tout! au lieu de se presser sous les ailes de leur couveuse, de se faire réchauffer, dorloter, les voilà qui, lourdement, clopin-clopant, comme douze boiteux, se dirigent vers la mare... et ils nagent comme des canards!

La poule est inquiète et fâchée ; elle le dit dans son patois aux petits canards qui ne l'écoutent pas du tout, et Jeanne, les poings sur les hanches, rit de l'émoi de la pauvre bête. Les poules qui ont couvé des œufs de cane se consolent vite de la conduite de leurs enfants d'adoption. Elles comprennent, sans doute, dans leur intelligence de bêtes, que les devoirs des petits canards ne sont pas les mêmes que les devoirs des petits poulets, et que les conseils des mamans poules ne leur sont pas utiles.

Les mamans des petits enfants, au contraire, savent toujours ce qui est bon et ce qui est mauvais pour eux ; c'est pourquoi les petits enfants doivent toujours obéir à leur mère.

**Questionnaire.** — Dites-moi ce que Jeanne regarde. — Que fait la poule? — Est-ce que la poule connaît ces petits canards? — Pourquoi les connaît-elle? — Quand elle couvait les œufs, croyait-elle qu'il en sortirait des canards? — Pourquoi a-t-elle été étonnée quand les petits canards ont cassé la coquille de l'œuf avec leur bec? et quand elle a vu leurs pattes? — Qu'est-ce qu'elle s'attendait à voir sortir de l'œuf? — Racontez comment elle avait couvé les œufs de la cane. — Pendant combien de temps les a-t-elle couvés? — Les petits canards sont-ils désobéissants? — Qu'est-ce qu'un pigeonnier? — Montrez le pigeonnier de Jeanne. — Montrez aussi la grange. — Que met-on dans les granges?

Composition de phrases ; d'une seule proposition d'abord, puis de plusieurs reliées entre elles par des conjonctions :

Jeanne regarde sa poule grise. — La poule grise a couvé des œufs de cane. — Les petits canards sont descendus dans la mare. — Un pigeon est perché sur le haut du pigeonnier.

La poule est inquiète parce que les petits canards sont descendus dans la mare. — La poule ne savait pas qu'elle couvait des œufs de cane; elle s'attendait à voir sortir des petits poulets de ses œufs. — La poule a couvé les œufs de la cane qui était morte.

Un enfant indiquera les différences qui existent entre les poulets et les canards. — Un autre décrira le pigeonnier. — Un troisième, le jardin avec la mare. — Un quatrième, le costume et la posture de Jeanne. — Un cinquième racontera l'indignation de la poule. — Un sixième racontera dans quelles circonstances s'est opérée la substitution des œufs.

## Le corbeau prisonnier.

**SECTION DES PETITS** (*de 2 à 4 ans*)

Je vois... oh! je vois beaucoup de choses : je vois une mignonne petite fille, je vois un bon gros chat, je vois une cage avec un oiseau dedans, cet oiseau s'appelle un *corbeau*. Au-dessous de la cage, sur la pierre, il y a un plat avec une cuiller; il y a aussi un balai par terre, au-dessus d'une corbeille; puis un balai contre le mur à côté de la cage de l'oiseau; puis une corbeille accrochée au mur, en haut; puis du linge suspendu à des morceaux de bois plantés dans le mur. Ce linge sèche.

Est-ce que je vois encore autre chose? Je vois une petite porte toute vieille, puis deux marches d'escalier; puis... je crois que c'est tout.

Que fait la petite fille? elle veut donner à manger à l'oiseau; elle fait passer un morceau de pain à travers les barreaux de la cage.

Et l'oiseau? que fait-il? je crois qu'il s'ennuie beaucoup dans sa cage; il regrette les grands arbres; il voudrait étendre ses ailes et s'envoler bien haut.

Et le chat, que fait-il? Le chat regarde le corbeau; il a envie de le manger. Les chats ont toujours envie de manger les oiseaux.

Le corbeau est un gros oiseau noir; il a un grand bec bien dur; peut-être ne le trouvez-vous pas bien joli. Mais la petite fille, comme elle est gentille! Elle s'appelle Madeleine. Voyez ces jolis bras nus; ils sont bien ronds et bien gras. Et ses beaux cheveux noirs! Ils ne lui tombent pas dans les yeux; ils sont rejetés en arrière et l'on voit son joli front. Madeleine est bien gentiment habillée, sa robe est rayée, et, au bord, il y a une bande de velours noir tout autour. C'est l'heure de son goûter, sa maman lui a mis une serviette pour qu'elle ne salisse pas sa robe en mangeant sa soupe au lait, qui est dans le plat, sur la pierre. Comme Madeleine est une bonne petite fille, elle donnera, j'en suis sûre, un peu de soupe à Minet.

**Questionnaire.** — Montrez la petite fille, dites son nom. — Montrez le chat. — Comment s'appelle-t-il? — Montrez l'oiseau. — Comment s'appelle-t-il? — Pourquoi n'est-il pas bien content? — Que fait Madeleine? — Dites comment elle est habillée. — Qu'est-ce que sa maman lui a mis par-dessus sa robe? — Pourquoi sa maman lui a-t-elle mis une serviette? — Où est la soupe de Madeleine? — Avec quoi mangera-t-elle sa soupe? — Est-ce qu'elle la mangera toute? — Pour qui en laissera-t-elle? — Pourquoi Minet regarde-t-il la cage du corbeau? — Montrez les balais. — Combien y en a-t-il? — Montrez les corbeilles. — Combien y en a-t-il? — Dites où elles sont placées. — Montrez le linge qui sèche; à quoi est-il suspendu? — Montrez la vieille porte; à quoi reconnaissez-vous qu'elle est vieille? — Dites pourquoi vous voyez bien le joli front de Madeleine. — Relevez tous vos cheveux, pour qu'on voie aussi votre joli front. — De quelle couleur sont les cheveux de Madeleine? — Quels sont les petits enfants de l'école qui ont les cheveux noirs? — Que tous les petits enfants qui ont les cheveux noirs ou frisés se lèvent et aillent se placer contre le mur vis-à-vis de moi. Très bien! Maintenant, que tous les petits enfants qui ont les cheveux blonds se lèvent aussi, et qu'ils aillent se placer contre l'autre mur, vis-à-vis des petits enfants qui ont les cheveux noirs. Maintenant, nous allons frapper dans nos mains : une, deux, trois. Au troisième coup, les enfants qui ont les cheveux noirs ou foncés, les *bruns* s'avanceront vers ceux qui ont les cheveux blonds, vers les *blonds*. Un petit brun prendra un petit blond par la main, et on fera en courant le tour de la salle. Maintenant nous allons tous sauter en criant : « Vive la petite Madeleine qui aime bien les animaux! »

## SECTION DES GRANDS (de 4 à 6 ans)

Le papa de Madeleine est un chasseur, c'est-à-dire qu'il aime beaucoup à aller, dans les champs et dans les

Le corbeau prisonnier.

bois, à la recherche du gibier à poil et du gibier à plumes. Les jours de fête, il part dès le matin... On dit que lui, son fusil et son chien ne font qu'un.

Il y a quelques jours, il a rapporté un corbeau en vie qu'il avait attrapé, je ne sais comment, à la campagne, et Madeleine a demandé à le garder.

« Tu le trouves donc joli ? lui a demandé son père.

— Pas trop ! il est tout noir ; il a un bec qui me fait un peu peur et des pattes pas trop élégantes...

— Alors, pourquoi veux-tu le mettre en cage ?

— C'est que... on dit toujours que j'ai les cheveux noirs comme l'aile d'un corbeau, et je veux voir si c'est bien vrai.

— Garde-le donc, » a dit le papa.

Dès les premiers jours, Madeleine a trouvé que son corbeau n'était pas drôle du tout, avec sa voix rude et triste et son *coak! coak!* monotone ; mais, comme on lui a dit qu'il apprendrait facilement à contrefaire les aboiements de Médor, le chien de son papa, les miaulements de Minet, et peut-être aussi sa voix à elle-même, elle a persisté à laisser l'oiseau dans sa prison, et elle lui apporte plusieurs fois par jour à manger. Il faut dire qu'il n'est pas bien difficile à nourrir, il mange de tout et en quantité ; mais Madeleine a beau le bien soigner, le pauvre oiseau est triste ; il préférerait chercher lui-même des insectes, des vers, des limaçons, des mulots, toutes sortes d'animaux vivants ou d'animaux morts ; il voudrait surtout étendre ses grandes ailes, s'élever bien haut, se balancer gracieusement en l'air (car il est très gracieux quand il vole), et aller ensuite s'abriter dans les rochers...

Et puis... il s'ennuie de ne pouvoir chercher querelle à personne ; car c'est un monsieur qui a fort mauvais caractère... Justement Minet est là, qui le regarde, et cela met le corbeau de fort mauvaise humeur. Ah ! s'il était libre ! S'il était libre, Minet ne prendrait en paix aucun de ses repas ; le corbeau lui volerait sa pâtée à sa barbe, et, s'il le pouvait, il lui déchirerait la queue à coups de bec, car il déteste les chats et les chiens aussi. S'il était libre !... il volerait des œufs dans le poulailler, il volerait même, s'il le pouvait, des pièces de monnaie, car il aime tout ce qui brille — non pas pour le manger, pour le voir.

Bref, s'il était libre, il ferait bien des mauvais coups. Mais il ferait aussi bien des choses utiles, surtout en mangeant des cadavres d'animaux qui sentent mauvais et rendent l'air malsain à respirer pour les hommes.

Les papas et les mamans corbeaux sont pleins de tendresse et de sollicitude pour leurs petits : ils les nourrissent pendant longtemps en leur dégorgeant la nourriture dans le bec ; ils les conduisent chaque matin en courses dans les environs du nid, et les ramènent chaque soir. Ils vivent tout l'été en famille.

C'est le cas de dire, vous le voyez, qu'il y a du bon et du mauvais dans le corbeau, aussi j'engage beaucoup Madeleine à ne pas garder celui-ci en cage ; et, comme elle a très bon cœur, elle me comprendra.

**Questionnaire.** — Comment s'appelle l'animal qui est dans la cage ? — Qui l'a apporté à Madeleine ? — Pourquoi a-t-elle voulu le garder ? — Quel est le cri du corbeau ? — Peut-il faire sortir d'autres sons de son gosier ? — Pourquoi Madeleine a-t-elle persisté à garder le corbeau ? — Que mangent les corbeaux ? — Ont-ils un caractère bien aimable ? — Dites ce que le corbeau ferait à Minet s'il n'était pas en cage ? — Pourquoi les poules n'aiment-elles pas les corbeaux ? — Dites quels sont les inconvénients du corbeau ? — Dites quels sont ses avantages ? — Puisque le corbeau est malheureux dans sa cage, que devrait faire Madeleine ?

Maintenant, un enfant va me parler du papa de Madeleine ; que savez-vous de lui ? — Un autre enfant va me parler du chat (où est-il placé ? que fait-il ? pourquoi est-il content de voir le corbeau en prison ?).

Un autre enfant va me faire la description du corbeau, son portrait. — Un autre me dira ce que mange le corbeau. — Un autre enfant à quoi il est utile. — Un autre quels sont ses inconvénients. — Un autre va me dire quels sont ses avantages.

## Trop tard!

### SECTION DES PETITS (*de 2 à 4 ans*)

Voici deux petits garçons. Ce ne sont pas des bébés, ils vont à l'école des grands. Je devine cela, parce que Jean, celui qui est habillé de noir, a son panier au bras, et George à son sac au dos. (Montrez le panier, montrez le sac.) Dans le panier, il y a leur déjeuner, et dans le sac il y a leurs livres, leurs cahiers, leurs porte-plumes.

Georges ouvre une grande bouche et tient sa main toute raide avec les doigts écartés; Jean a l'air de tomber à la renverse. Savez-vous pourquoi? C'est que la porte de leur école est fermée. Jean et George ont joué en route, et ils sont arrivés trop tard.

Ils sont très propres, ces deux enfants. Sont-ils habillés de la même manière? Commençons par la tête. Leurs chapeaux ne sont pas pareils: le chapeau de Georges est blanc, garni de noir, et le chapeau de Jean est tout noir. Et leur col? Georges a un grand col, Jean a un petit col. Et leur vêtement? Georges a une veste grise à gros boutons, Jean a une blouse noire avec une large ceinture. Georges a un pantalon gris, Jean a un pantalon blanc.

Il y a aussi dans le fond deux petits garçons habillés de noir, avec un col blanc; ces deux enfants n'ont pas de chapeau; on ne voit pas leur figure.

(Dites à deux petits enfants de se placer comme les deux derniers, de manière qu'on ne les voie aussi que

Trop tard!

de dos; faites-en placer deux autres comme les personnages principaux; si cet exercice amuse les enfants, faites-le essayer à tous, deux par deux.

---

### SECTION DES GRANDS (de 4 à 6 ans)

George et Jean sont deux petits voisins et deux bons amis. Ils travaillent de bon cœur à l'école, ils s'amusent de bon cœur aussi aux heures de récréation, et quand ils sont rentrés chez leurs parents. On les appelle les *inséparables*, parce qu'on les voit toujours ensemble. Ils font bien, de temps en temps, quelques sottises; mais, comme ils n'attaquent jamais leurs camarades plus jeunes, comme ils ne font jamais souffrir les animaux, comme ils disent toujours la vérité, tout le monde les aime: leurs parents *d'abord* (les parents aiment toujours leurs enfants), leurs maîtres ensuite, et puis toute l'école.

Je disais qu'ils font de temps en temps des sottises. Eh! oui, cela leur est arrivé juste l'avant-veille du jour de l'an.

Ce jour-là, leurs mamans leur avaient bien recommandé de ne pas flâner en route, parce qu'elles savaient qu'il y avait beaucoup de jolies choses dans les rues, et ils avaient promis. Malheureusement... malheureusement, ils oublièrent une chose, c'est que le meilleur moyen de ne pas se mettre en retard, c'est de filer tout droit, sans s'arrêter du tout. Si l'on s'arrête rien qu'un peu, on est perdu, parce que le temps va vite, vite, pendant qu'on n'y pense pas.

Georges et Jean se sont arrêtés. Premièrement devant un drôle de petit bonhomme en carton qui soulevait peu à peu le couvercle d'une boîte dans laquelle il était enfermé. On voyait d'abord sa perruque ébouriffée, puis ses gros yeux tout ronds, puis un nez qui n'en finissait pas, puis une grande bouche ouverte comme pour avaler tout le monde, puis une longue barbe rouge. Tout d'un coup le bonhomme retombait dans sa boîte avec le couvercle sur la tête. C'était très drôle!

George et Jean se sont arrêtés ensuite devant une loterie où l'on gagnait des oranges, des noix dorées, des bonshommes en sucre.

Oh! ils ont bien couru ensuite!

Mais en arrivant devant l'école, ils ont trouvé la porte fermée! Paul a reculé épouvanté; Louis est resté planté tout droit, la bouche ouverte, les doigts écartés.

Que faire? Revenir à la maison? mais leurs parents étaient au travail... la porte était fermée, là aussi!

Heureusement que l'instituteur est un brave papa; il serait désolé de voir ses élèves vagabonder dans les rues. Il permet de sonner à la petite porte, quand la grande est fermée. (Vous voyez bien tout au fond de l'image; il y a même deux autres petits en retard aussi, en train de sonner en ce moment.)

Savez-vous qui ouvrira la petite porte? C'est l'instituteur lui-même. Il recevra avec bonté les petits coupables, leur fera raconter ce qu'ils ont fait, et il leur permettra d'aller rejoindre leurs camarades.

Jean et Georges, les deux inséparables, entreront aussi; ils promettront de ne plus flâner en route. Et je suis sûre qu'ils tiendront leur promesse.

**Questionnaire.** — Comment se nomment les deux petits garçons que vous voyez sur cette image? — Quel surnom leur a-t-on donné? — Pourquoi? — Quelles sont leurs qualités? — Qui les aime? — Sont-ils toujours sages? — Dites ce qu'ils ont fait l'avant-veille du jour de l'an. (Ils ont flâné.) — Le jour de l'an étant un vendredi, quel jour ont-ils flâné? — Qu'est-ce qui les a arrêtés d'abord? — Et ensuite? — Se sont-ils rendu compte du temps qu'ils perdaient. (Non.) — Pourquoi? — Quelle triste surprise ont-ils eue en arrivant devant la maison d'école? — Pouvaient-ils entrer chez eux? (Non.) — Pourquoi? — Ont-ils été obligés de vagabonder dans les rues comme de mauvais sujets? (Non.) — Qui est-ce qui les en a empêchés? — Que fait le brave instituteur pour les retardataires (ceux qui arrivent en retard)? — Qu'est-ce que Paul et Louis ont promis à l'instituteur?

*Un enfant* dira qui étaient Paul et Louis et fera leur portrait moral.

*Un deuxième enfant* dira quelle recommandation les mamans de Paul et de Louis leur avaient faite, et pourquoi.

*Un troisième enfant* dira quel est le meilleur moyen de ne pas se mettre en retard.

*Un quatrième enfant* décrira le bonhomme qui entr'ouvre et referme la boîte.

*Un cinquième enfant* décrira l'attitude de Paul et de Louis devant la porte fermée.

*Un sixième enfant* dira ce que fait l'instituteur pour empêcher les enfants de vagabonder.

*Un septième enfant* racontera toute l'histoire.

## C'est de l'or.

### SECTION DES PETITS (de 2 à 4 ans)

Ce qu'on voit sur cette image, ce sont des personnes, et un chien devant une maison, et des poules sur un tas de terre, de paille et de toutes sortes de débris.

Les personnes que l'on voit sur l'image sont deux hommes et deux femmes; il y a un homme habillé comme on s'habille à la ville, et un homme habillé comme on s'habille à la campagne pour travailler. De même pour les femmes : celle de gauche a un costume de ville; celle de droite, un costume de campagne. Il y a une grande différence entre ces costumes. Commençons par ceux des hommes. Le monsieur de la ville a des bottines; le campagnard ou le paysan a des sabots; le monsieur de la ville a un pantalon qui descend jusqu'à ses pieds, le campagnard a un pantalon qui s'arrête aux genoux; le monsieur de la ville a une redingote, le campagnard n'a que sa chemise; le monsieur de la ville a un chapeau, le campagnard a un bonnet tricoté en coton ou en laine.

Aux deux femmes, maintenant. La dame de la ville et la campagnarde ou la paysanne ont l'une et l'autre une robe. La jupe de celle de la dame est plus longue que celle de la paysanne; son corsage à basques ne tient pas à la jupe, tandis que la jupe et le corsage sans basques de la paysanne sont cousus ensemble à la ceinture. La paysanne a un tablier avec des poches et un fichu sur les épaules; la dame n'a ni tablier ni fichu; elle a un col autour du cou. La dame a un chapeau, la paysanne a un bonnet ou une coiffe; la dame a une ombrelle, la paysanne n'en a pas; qu'en ferait-elle pour travailler? et puis elle est habituée au soleil qui fait éclore les fleurs de son jardin et les fruits de son verger. Que porte-t-elle sous chacun de ses bras? une cruche et une terrine. Que mettra-t-elle dedans? je pense que c'est du lait, car elle va traire sa vache. Et le paysan que tient-il à la main? une fourche pour remuer le foin, la paille et aussi le tas de débris qui est dans le coin de la cour et qu'on appelle du fumier. Il faut croire que les poules trouvent de quoi manger sur ce tas de fumier; il y en a une qui cherche avec son bec; les deux autres ont peur du monsieur et de la dame qu'elles ne connaissent pas.

Le chien a l'air triste; son maître le tient par une corde pour qu'il ne fasse pas de dégâts dans le jardin.

Mais... que font donc le monsieur et la dame? ils se bouchent le nez avec leur mouchoir. C'est que le fumier ne sent pas très bon, et qu'à la ville ils ne sont pas accoutumés à cette odeur. Cela amuse le paysan de les voir se boucher le nez, et je crois qu'il leur dit, en leur montrant les poules : « Voyez! elles ne sont pas si dégoûtées! »

Le *questionnaire* coule vraiment de source. Dans une école rurale, les enfants comprendront à demi-mot et la conversation deviendra bientôt générale. Ils ont tous vu des chiens, des poules, des fourches, des récipients pour le lait; le paysan et la paysanne sont habillés comme leurs parents; ils ont vu aussi des gens de la ville; il n'y aura qu'à guider leurs réponses et à les faire s'exprimer en bon français.

Dans une école de la ville, c'est autre chose. Il s'agira de savoir d'abord quels sont les enfants chez lesquels cette image réveille un souvenir, quels sont ceux qui ont séjourné à la campagne; quels sont ceux qui n'ont fait qu'y passer, et enfin quels sont ceux qui n'ont jamais vu ni paysans, ni basse-cour; le nombre en est plus grand qu'on ne le croit.

C'est de l'or.

## SECTION DES GRANDS

Ce matin, le fermier Pierre et sa femme Marianne se sont levés de bonne heure comme tous les jours et chacun s'est mis à l'ouvrage. Pendant que Marianne mettait la soupe en train et balayait la chambre, Pierre est allé faire le ménage des bêtes : à l'écurie, où est la jument qui vient d'avoir un joli poulain ; à l'étable, où sont deux belles vaches, s'il vous plaît. Il a enlevé le lit de paille — la *litière* — sur laquelle les animaux avaient dormi et qui n'était pas très propre, comme vous pouvez le penser, et il en a fait un tas dans le coin de la cour ; puis il a mis de la paille fraîche à la place, et du foin dans le râtelier. Marianne, de son côté, est venue vider sur le tas de litière malpropre toute la poussière qu'elle a enlevée de la chambre, toutes les épluchures des légumes et enfin toute l'eau qui lui a servi à laver la vaisselle... Aussi le tas n'est pas très engageant ; on peut dire que c'est un tas d'ordures : c'est du fumier. Et le fumier ne sent pas bon. Les fermiers qui ont de grandes cours le mettent le plus loin possible de leur habitation ; parce que c'est moins désagréable et plus sain, et parce que c'est joli un devant de maison bien propre, arrangé avec goût, avec des plates-bandes de fleurs ; les fermiers qui n'ont pas de grandes cours supportent le fumier près de chez eux pendant tout le temps qu'il met à cuire au soleil, à pourrir à la pluie, et ensuite ils vont l'étendre soigneusement sur la terre nouvellement ensemencée, parce que c'est de la nourriture pour les plantes. Ce vilain tas de fumier, que les poules peu délicates fouillent pour y découvrir quelque grain ou quelque épluchure de légume, c'est une richesse pour Pierre et pour Marianne.

Comme ils étaient au travail, un monsieur et une dame sont entrés pour demander une tasse de lait : « Nous avons fait une longue promenade et nous avons bien soif, ont-ils dit aux fermiers. — C'est avec plaisir, » a répondu Marianne, et elle est allée prendre sa cruche et sa terrine pour traire une de ses vaches. Mais tout à coup les deux visiteurs ont poussé un cri de dégoût et se sont bouché le nez : « Quelle horreur ! Comment pouvez-vous supporter une odeur pareille ? »

— Ça, c'est de l'or, a répliqué Pierre en riant.

Avez-vous deviné, mes petits, pourquoi le fermier a dit cela aux deux habitants de la ville? c'est que, grâce à ce fumier, les légumes, le blé, le seigle pousseront mieux ; ils seront aussi de meilleure qualité, et par conséquent le fermier vendra mieux sa récolte. Si le monsieur et la dame avaient pensé à cela, ils n'auraient pas poussé des exclamations ridicules.

**Observations pour les maîtresses.** — Les grands décriront l'image comme les petits. La comparaison qu'ils auront faite entre les costumes des citadins et ceux des paysans pourra être le point de départ de comparaisons nombreuses entre leurs costumes à eux et ceux de leurs camarades (couleur, forme, étoffe). Les différences de costumes entre les citadins et les paysans ont leurs raisons d'être, on pourra les énumérer (le travail est la principale). Il faudra faire remarquer que Pierre s'occupe du ménage des bêtes pendant que Marianne s'occupe de celui des individus, parce que la santé des animaux exige de la propreté comme celle des hommes. Il faudra insister sur l'utilité qu'il y aurait à placer le fumier le plus loin possible des habitations, et — dans les écoles rurales — sur les avantages et le charme des travaux de la campagne ; on les fera mieux et avec plus de plaisir, à mesure qu'on sera plus instruit.

## Le soulier de Noël.

### SECTION DES PETITS (*de 2 à 4 ans*)

Ce petit garçon en chemise et nu-pieds, c'est Alfred. Vous croyez peut-être qu'il va tomber? Pas du tout, il se penche pour regarder dans la cheminée.

Et qu'est-ce que vous voyez, dans la cheminée? du bois? du feu? Non! une paire de souliers. Ce sont les souliers d'Alfred. Il les a mis dans la cheminée, hier au soir, pour voir si c'est bien vrai que le bonhomme Noël dépose des cadeaux dans les souliers des enfants sages. Dans son soulier, le petit garçon trouve une trompette qu'on appelle un cor de chasse, et puis une brosse pour nettoyer les souliers. Il fera de la musique avec sa trompette, et il brossera ses souliers avec la brosse.

Il est bien content, le petit Alfred. Sa grand'maman cachée derrière le rideau le regarde en riant ; sa maman aussi est derrière le rideau; elle est heureuse, parce qu'elle sait que son petit Alfred est bien content.

Il faut qu'Alfred rentre dans son lit, parce qu'il prendrait froid aux pieds sur les carreaux de la cuisine. Quand on est habitué à marcher nu-pieds sur la terre, ce n'est pas dangereux ; mais les carreaux sont trop froids.

La grand'maman d'Alfred a souvent froid aux pieds, alors elle se sert de la chaufferette que vous voyez sur l'image. Que voyez-vous encore? des pincettes ; et encore? un soufflet et enfin, sur la cheminée, un chandelier qu'on appelle un bougeoir.

Le soulier de Noël.

**Questionnaire.** — Comment se nomme ce petit garçon? — Pourquoi se penche-t-il? — Qu'est-ce qu'il y a dans la cheminée? — Pourquoi Alfred a-t-il mis ses souliers dans la cheminée? — Qu'a-t-il trouvé dans ses souliers? — Que fera-t-il avec le cor de chasse? — Et avec la brosse? — Est-ce qu'on ne brosse que les souliers? — Brosse-t-on les vêtements avec la brosse des chaussures? — Est-il tout seul dans la cuisine? — Montrez la maman, puis la grand'maman. — Pourquoi faut-il qu'Alfred rentre vite dans son lit? — Est-il imprudent de marcher sans chaussures sur la terre? — Et sur les carreaux? — Montrez tout ce que vous voyez dans la cuisine. — D'abord les personnes. Combien y en a-t-il? — Ensuite les choses. Combien y en a-t-il?

---

### SECTION DES GRANDS (de 4 à 6 ans)

M. Alfred a cinq ans. Je ne vous dis pas qu'il est joli comme une fleur et gras comme un petit oiseau à l'époque de la vendange, parce que vous le voyez vous-même sur l'image qui nous donne son portrait. Quand il a fait sa toilette et qu'il va à l'école avec sa blouse bien boutonnée, et son tablier noir qui fait encore mieux ressortir ses cheveux blonds, on a envie de lui envoyer des baisers. Le matin et le soir, sa grand'maman et sa maman se chargent de le dorloter et je crois que ses jolis petits pieds ont reçu autant de caresses que sa bonne petite figure.

Les voyez-vous toutes les deux, la mère et la grand'-mère? Oui... là, au-dessus du rideau. La grand'mère a sur la tête un bonnet retenu par un ruban bien noué au sommet, et puis elle a des lunettes, car ses yeux ne peuvent plus voir clair tout seuls. La maman est nu-tête; je crois qu'elle a de beaux cheveux blonds comme Alfred.

Elles rient toutes les deux, on dirait qu'elles ont fait une farce au petit garçon. Une farce ou une surprise, et peut-être une farce et une surprise.

C'est le matin de Noël. Or, la veille de Noël, quand les enfants vont se coucher, ils mettent leurs souliers dans la cheminée parce qu'on leur a raconté un délicieux conte : on leur a dit que le bonhomme Noël met de jolies choses dans les souliers des enfants sages... et même dans les souliers des enfants qui ne le sont pas tous les jours.

Le bonhomme Noël! C'est le papa, c'est la maman, c'est quelquefois beaucoup de monde, parce que beaucoup de personnes aiment à faire plaisir aux enfants. L'important, d'ailleurs, c'est qu'il y ait quelque chose dans le soulier, et comme le bonhomme Noël, toujours occupé ailleurs, n'est pas là pour entendre les exclamations joyeuses et pour recevoir les caresses des bébés heureux, ce sont les papas et les mamans qui entendent tout, qui jouissent des caresses et qui se chargent des commissions pour le bonhomme Noël.

Le 24 décembre, veille de la fête, le petit Alfred, qui est un malin, s'est tenu réveillé pendant que sa maman mettait en ordre la grande cuisine de la ferme; puis, quand il a compris que le ménage était fini de ce côté-là, il s'est levé tout doucement, il a été mettre ses deux souliers dans la cheminée et puis il est vite retourné dans son lit, où il s'est endormi de tout son cœur.

C'était juste ce que sa maman et sa grand'maman attendaient pour faire les commissions du bonhomme Noël. Comme il y a bien longtemps — au moins... quinze jours — qu'Alfred désirait un cor de chasse pour sonner la fanfare, comme le garde de la forêt voisine (il croit que c'est très facile de sonner la fanfare!), on a mis un cor de chasse dans un soulier, et puis... quoi encore? quelque chose qui étonne beaucoup Alfred en ce moment, et c'est même ce qui fait rire sa maman et sa grand'maman derrière le rideau.

Ce quelque chose c'est... une brosse pour nettoyer les bottines!

Ah! voilà! Tous les jours Alfred s'amuse à barboter

comme un canard dans les endroits les plus malpropres, et il revient crotté comme un barbet. Sa maman lui dit tous les jours : « Mon chéri, puisque tu aimes tant à salir ta chaussure, il faudra apprendre à la nettoyer; je t'achèterai une brosse, tu verras... »

Elle est bien là, en effet ! mais le premier moment de surprise passé, Alfred va être très content, très content. Avec son cor de chasse il s'amusera comme un bébé, et avec sa brosse il travaillera comme un petit homme.

**Questionnaire.** — Pourquoi ne vous ai-je pas dit qu'Alfred es joli et bien portant? — Tel que vous le voyez sur l'image, comment est-il habillé? — Est-il tout seul dans la grande cuisine de la ferme? — Qui voyez-vous encore? — Pourquoi ne les voit-on pas tout entières? — A quoi reconnaissez-vous la grand'maman? — Savez-vous pourquoi les deux femmes se cachent et pourquoi elles rient? — Quelle surprise ont-elles faite à Alfred? — Essayez de dire ce que c'est qu'une surprise. — Quelle farce la maman et la grand'maman ont-elles faite à Alfred? — Essayez de dire ce que c'est qu'une farce? — Dites-moi ce que l'on raconte du bonhomme Noël. — Est-ce bien vrai, cela? — Comment appelle-t-on les choses qui ne sont pas vraies et que l'on dit sans malice pour amuser les gens? — Pourquoi a-t-on donné un cor de chasse à Alfred? — Pourquoi lui a-t-on donné une brosse? — Sera-t-il content de se servir de sa brosse? — Pourquoi sera-t-il content?

Phrases courtes en parlant d'Alfred, puis de sa mère, puis de sa grand'mère. — Tâchez d'enseigner aux enfants les liens de parenté. Ces liens de parenté fourniront quelques phrases courtes : « Mon grand-papa c'est le papa de mon père et de ma mère. » — Ma tante est la sœur de papa ou de maman. — Mes frères et mes sœurs sont les autres enfants de papa et de maman. — Racontez le conte ou la légende du bonhomme Noël. — Racontez l'histoire d'Alfred.

## Les mauvais garnements.

### SECTION DES PETITS (de 2 à 4 ans)

Cet homme se cache sous son parapluie. Savez-vous pourquoi? C'est que les trois mauvais garçons que vous voyez à droite de l'image lui lancent des pierres et des flèches. L'un a mis sa flèche sur la corde de son arc, il a visé, c'est-à-dire qu'il a regardé bien droit la place où il voulait envoyer la flèche. La première s'est enfoncée dans le parapluie, la deuxième s'y enfoncera aussi. Le deuxième petit garçon va lancer une pierre, et le troisième, tout près de la muraille, se baisse pour en ramasser.

Heureusement que le pauvre homme n'a pas eu de mal et qu'il est tout près de chez lui; il va ouvrir la grille et il entrera dans la cour qui est devant sa maison.

Ces petits enfants sont bien méchants. Si leur maman savait ce qu'ils font sur la route, elle serait bien triste. Elle les croit à l'école.

**Questionnaire.** — Montrez-moi l'homme d'abord et le parapluie ensuite. — A quoi servent les parapluies? — Peut-on s'en servir quand il y a du soleil? — Alors comment les appelle-t-on? — Montrez-moi l'enfant qui ramasse des cailloux. — Que veut-il faire de ces cailloux? — Montrez-moi l'enfant qui *bande* l'arc. Montrez le mur, la grille, les maisons. — Est-ce que les enfants devraient être sur la route à cette heure? — Ces enfants sont-ils bons? — Leur maman serait-elle contente si elle savait ce qu'ils font sur la route? — Où leur avait-elle dit d'aller?

## SECTION DES GRANDS (de 4 à 6 ans)

M. Lamy, avant de sortir ce matin pour aller à ses affaires, a regardé le ciel, et puis il a hoché la tête de l'air d'un homme indécis, c'est-à-dire de l'air d'un homme qui ne sait ce qu'il doit faire. Le soleil était pâle, de petits nuages gris passaient par instants devant lui et le cachaient tout à fait.

« Prendrai-je mon parapluie? demanda-t-il à sa femme.

— Ce sera prudent », lui répondit-elle.

M. Lamy a écouté sa femme, qu'il sait être de bon conseil, il a pris son parapluie et il a joliment bien fait. Il n'en a eu besoin cependant ni pour la pluie, ni pour le soleil; mais, comme il allait rentrer chez lui après avoir terminé ses affaires, M. Lamy s'est trouvé en face de trois mauvais garnements qui avaient manqué l'école et qui, las de ne rien faire d'utile, cherchaient à faire quelque mauvais coup.

« Lançons-lui des pierres, » se dirent-ils. Ce fut vite fait. M. Lamy reçut sur son chapeau une grêle de petits cailloux.

M. Lamy est un homme très bon et très patient; il ne se fâcha pas de cette gaminerie, et ouvrit son parapluie pour s'abriter si, par hasard, les petits polissons avaient la sottise de recommencer.

Hélas! si la première sottise est parfois difficile à faire, la seconde l'est toujours moins. Au lieu d'être touchés de l'indulgence de M. Lamy, au lieu de s'échapper tout honteux, ou, ce qui eût mieux valu encore, au lieu de venir s'excuser auprès de lui, les trois enfants s'excitèrent l'un l'autre.

« Lançons-lui des flèches !... Ce sera une bonne farce !... »

Les mauvais garnements.

Si M. Lamy n'avait pas eu son parapluie, il aurait été gravement blessé. La première flèche s'est plantée dans l'étoffe, et la seconde, lancée dans la même direction, arrivera au même but.

Le parapluie de M. Lamy sera fort endommagé.

Je plains ces pauvres enfants. Ils ne sont peut-être pas tout à fait méchants, mais ils n'ont pas réfléchi à ce qu'ils faisaient. C'est à l'école qu'on apprend à réfléchir, et les petits sots font l'*école buissonnière*.

**Questionnaire.** — Faisait-il tout à fait beau quand M. Lamy est sorti le matin? — Pourquoi ne voyait-on pas toujours le soleil? — Que se demandait M. Lamy? — Qui l'a décidé à prendre son parapluie? — A-t-il plu? — A quoi lui a servi son parapluie? — Pourquoi les trois garçons cherchaient-ils à faire un mauvais coup? — Qu'est-ce qu'ils se sont dit? — L'ont-ils fait? — M. Lamy a-t-il eu du mal? — S'est-il fâché? — Pourquoi ne s'est-il pas fâché? — — Les enfants ont-ils été reconnaissants de la bonté de M. Lamy? — Dites ce que chaque enfant a fait? — M. Lamy a-t-il été blessé? — Qu'est-ce qui l'a empêché d'être blessé? — La maman des petits garçons les avait-elle envoyés flâner sur les routes? — Savez-vous ce que c'est que faire l'école buissonnière? — En quoi est fait le parapluie (la canne est en bois; la monture en fer ou en baleine; l'étoffe est en soie, en laine ou en coton). — Que faut-il pour faire un arc? — Faites un arc avec ce morceau de bois flexible et ce bout de ficelle. — Dessinez-moi l'arc sur l'ardoise. — Regardez de nouveau l'image et parlez-moi de M. Lamy. — Parlez-moi des garçons. — Parlez-moi du parapluie. — A quoi sert-il? — De quoi est-il fait? — Racontez-moi toute l'histoire.

## La guerre.

**SECTION DES PETITS** (*de 2 à 4 ans*)

Voici un petit garçon que sa maman a habillé en militaire (*en zouave*); elle lui a mis un large pantalon rouge, des guêtres blanches, une veste bleue, une ceinture bleue et un bonnet rouge; il est monté sur une table pour faire croire qu'il est grand comme un homme.

Ses deux sœurs, pour bien s'amuser, se sont enveloppées dans des rideaux blancs. Elles veulent arracher la canne que le petit militaire a prise pour faire semblant d'avoir un fusil.

C'est pour jouer à la guerre qu'ils font semblant de se battre; c'est aussi pour jouer que le petit garçon a pris un air méchant. Mais c'est un vilain jeu; sans le vouloir, ils vont peut-être se faire du mal; et puis le tapis de la table sera déchiré, et la chaise qui tombe sera cassée.

**Questionnaire.** — Comment est habillé le petit garçon? — Montrez son pantalon? — Montrez sa veste? — Montrez son bonnet? — Montrez ses guêtres? — Que tient-il à la main? — Sur quoi est-il monté? — Pourquoi est-il monté sur la table? — Avec quoi se sont enveloppées ses deux sœurs? — Pourquoi? — Que font-ils tous les trois? — Est-ce que le petit garçon est vraiment méchant? — Pourquoi a-t-il pris l'air méchant? — A-t-il bien fait de monter sur la table? — Pourquoi n'a-t-il pas bien fait? — A quoi jouent-ils?

## SECTION DES GRANDS

On voit sur cette image un petit garçon grimpé sur une table. Il est armé d'une canne qui lui sert de fusil. On voit aussi une chaise qui dégringole; on voit enfin deux petites filles; l'une s'élance sur une chaise pour arracher la canne des mains de son frère; l'autre va tirer aussi pour essayer de le désarmer.

Ces trois enfants jouent à la guerre. Henri, le petit garçon, a tracassé sa maman pour qu'elle l'habillât comme les soldats de quelques régiments français qui sont en *Algérie* — un magnifique pays qui est à nous, de l'autre côté de la mer Méditerranée. — Ces soldats s'appellent les *zouaves*. Ils ont, comme vous le voyez, un large pantalon *bouffant*, une veste courte, ouverte sur un gilet boutonné du haut en bas et une ceinture qui fait plusieurs fois le tour de la taille. Le pantalon est rouge, la veste ordinairement gros bleu, le gilet gros bleu aussi, avec des ornements de différentes couleurs. Le bonnet rouge a un beau gland qui retombe sur l'oreille, à moins qu'il ne soit soulevé par le vent. La maman d'Henri a fait ce que l'enfant désirait.

Dès qu'il a été ainsi costumé, il a dit à ses sœurs :
« Voulez-vous jouer à la guerre?
— Oui.
— Eh bien, commençons.
— Mais..., a fait remarquer Catherine, — celle qui est au fond, près de l'armoire, — puisque tu es habillé comme en Algérie, il faut nous habiller aussi comme en Algérie.
— C'est vrai! c'est vrai! » ont crié Henri et Cécile (Cécile, c'est la petite fille qui monte sur la chaise), et les trois enfants ont couru vers leur mère, qui a enveloppé les deux fillettes dans des voiles blancs, tout comme

Le zouave.

les femmes d'Algérie... Puis la guerre a commencé. Henri a pris un air méchant, comme s'il voulait tuer tout le monde, il a sauté sur la table pour voir de plus loin ses ennemis (les ennemis, c'est Catherine et Cécile) et... je commence à craindre qu'il n'arrive quelque malheur !

C'est déjà commencé : la chaise qu'Henri avait mise sur la table dégringole et pourrait bien se casser dans sa chute; le pauvre tapis est tout froissé et sera peut-être déchiré par les talons d'Henri; le rideau va recevoir un accroc, et j'ai surtout peur pour les yeux de Cécile. La guerre fait toujours du mal à quelqu'un ou à quelque chose. Puisque les trois enfants voulaient jouer à ce jeu, ils auraient bien mieux fait d'aller dans la cour ou dans le jardin.

**Questionnaire.** — Comment est habillé le petit garçon? — Comment s'appellent les militaires ainsi habillés? — Est-ce que les zouaves sont des Français? — Est-ce que les régiments de zouaves sont en France? — Dites où est l'Algérie. — Comment sont habillées les petites filles? — Pourquoi se sont-elles enveloppées dans des rideaux? (Pour ressembler à des femmes d'Algérie.) — Pourquoi les enfants auraient-ils mieux fait d'aller jouer à la guerre dans le jardin? — Un petit enfant va me parler du fusil d'Henri. — Un autre, de la chaise et du tapis; un troisième, de Cécile; un quatrième, de Catherine.

**Observations pour les directrices.** — Puisque nous avons nommé l'Algérie, il est utile de montrer aux enfants où elle est située. La directrice construira dans le sable le relief et les côtes de la France, creusera la Méditerranée, et placera le petit drapeau tricolore sur les côtes de l'Algérie. Le même jour, elle montrera des *vues* de notre colonie africaine; elle parlera de son beau climat, de ses fruits succulents, des animaux spéciaux au pays, du costume des habitants. Elle en parlera avec sobriété, mais de façon à frapper l'imagination des enfants.

## La gymnastique.

SECTION DES PETITS (*de 2 à 4 ans*)

Voici une petite fille et des petits garçons qui s'amusent beaucoup. Ils font de la gymnastique. Vous trouvez ce mot un peu difficile à prononcer? essayons de nouveau : Gym-nas-ti-que... Ce n'est peut-être pas tout à fait cela encore; mais ça viendra. Ils font de la gymnastique pour devenir forts et adroits.

Voulez-vous que nous regardions chaque enfant et que nous disions ce qu'il fait? Commençons par le plus petit. Il est à peu près de votre taille; il a peut-être quatre ans. Il n'a pas l'air content du tout, ce petit-là ! Il se tient la jambe. Il s'est fait mal. Ah! je sais bien pourquoi : il a voulu soulever ce morceau de fer qui a une boule à chaque bout — un haltère, — le morceau de fer était lourd, il l'a laissé tomber sur sa jambe. Mais il est plus courageux que vous ne le croyez et il va relever l'haltère. Il le soulèvera peu à peu jusqu'à ses genoux, puis jusqu'à sa taille, puis jusqu'à son épaule, puis jusqu'au-dessus de sa tête; puis il le tiendra en l'air aussi longtemps que possible. Ensuite il le ramènera à la hauteur de son genou et enfin il le déposera par terre. Quand il sera un peu plus fort, il prendra son haltère, le portera d'un seul coup à son épaule, étendra le bras, et le maintiendra ainsi à bras tendu aussi longtemps que possible.

On fait l'exercice des haltères de la main droite, d'abord, puis de la main gauche, puis des deux mains ensemble, et à mesure que l'on devient plus fort, on prend des haltères de plus en plus lourds, pour se donner toujours plus de force.

La petite fille s'est assise sur la *balançoire* et elle va se balancer en se tenant bien droite. Si elle se penchait trop en arrière, elle ferait la culbute à la renverse. Si elle se penchait trop en avant, elle ferait aussi la culbute et tomberait sur la figure : il faut être bien adroit pour se balancer sans tomber.

Les enfants de votre âge peuvent jouer avec les haltères pas trop lourds et se balancer à la balançoire ; mais ils ne peuvent pas monter à la *corde à nœuds* comme le troisième petit garçon, ni se suspendre au trapèze comme le quatrième.

Il est drôle celui-là ! Est-il bien joli ? a-t-il la figure propre ? est-il de bonne humeur ? On ne peut pas le dire, car on ne voit que ses pieds, ses mains, et… le fond de son pantalon… avec une belle pièce. Il paraît que ce petit monsieur se roule un peu partout, qu'il s'assied souvent ailleurs que sur des chaises, sur toute sorte de choses qui font beaucoup de mal aux fonds des pantalons. Sa maman les raccommode, pour que l'enfant soit toujours en ordre.

Avons-nous fini ? Pas encore. Voici un garçon suspendu la tête en bas, à deux grands anneaux de fer ; et enfin un autre tout au fond, monté sur un cheval de bois.

C'est tout ?

Ah ! non… il y a encore des enfants qui regardent les autres.

**Questionnaire.** — Que font ces enfants ? — Pourquoi font-ils de la gymnastique ? — Le tout petit qui se tient la jambe est-il bien adroit ? — Que voulait-il faire ? — Qu'est-il arrivé ? — Croyez-vous qu'il essayera encore ? — Que fait la petite fille ? — Est-ce que vous pourriez vous balancer aussi ? — Pourriez-vous faire comme le petit garçon qui est en l'air ? — A quoi a-t-il grimpé ? — Montrez le trapèze. — Est-ce que le petit garçon qui est suspendu au trapèze a un

La gymnastique.

pantalon neuf? — A quoi reconnaissez-vous que son pantalon est usé? — Qu'est-ce que la maman a mis au fond du pantalon? — Comptez les enfants en commençant par le petit qui a mal à la jambe (le petit qui a mal à la jambe, un; la petite fille qui se balance, deux; le petit garçon qui a grimpé à la corde à nœuds, trois; celui qui est suspendu au trapèze, quatre). — Que fait le cinquième enfant? — Et le sixième? — Et les autres?

J'engage les directrices à faire pour les petits et à faire faire par les plus grands tous ces appareils de gymnastique, sauf le cheval de bois. Rien de plus facile. Un bâtonnet avec un pois ou une boule de cire ou de terre glaise de chaque côté figurera très bien l'haltère; un rectangle de carton dans lequel on fera passer une ficelle à chaque bout fera la balançoire; une grosse ficelle ou même une corde avec des nœuds espacés sera une vraie corde à nœuds; un bâtonnet avec une ficelle à chaque bout, le trapèze; deux anneaux de rideaux à l'extrémité de deux bouts de ficelle complèteront la série des appareils.

## SECTION DES GRANDS (de 4 à 6 ans)

Ces enfants font de la gymnastique, et vous savez pourquoi, les petits eux-mêmes le savent. C'est pour devenir forts, adroits, souples et courageux.

Les enfants qui savent faire de la gymnastique peuvent courir plus vite et plus longtemps que les autres; ils dansent avec plus de grâce, ils grimpent aux arbres avec plus d'agilité. Or, ce n'est pas mal de grimper aux arbres, pourvu que ce ne soit pas pour enlever les nids ou pour prendre des fruits appartenant aux autres. C'est, au contraire, bien agréable d'aller tenir compagnie aux oiseaux dans les branches, et de regarder de près les insectes qui travaillent sur le tronc et sur les rameaux, dans les fentes de l'écorce ou parmi les mousses. Puis, quand on sait bien grimper aux arbres, on peut grimper au mât de cocagne le jour de la fête de la République.

Les enfants qui font de la gymnastique ont aussi plus de force pour porter leurs petits frères et les fardeaux de leur maman; ils apprennent aussi plus facilement à nager;

les garçons deviennent, sans s'en douter, de bons soldats, et les filles des ménagères alertes et gracieuses. Oh! la gymnastique est bien utile et bien agréable aussi!

L'endroit où l'on fait la gymnastique s'appelle un *gymnase*. On peut installer les gymnases dans de grandes salles, sous des hangars ou en plein air. Le gymnase que nous voyons là est établi dans une cour ou dans un jardin ou sur une place. Il ne faut pas croire que les cordes touchent le ciel. On a planté en terre à une certaine distance l'une de l'autre deux pièces de bois assez élevées, et on les a reliées l'une à l'autre dans le haut par une troisième pièce de bois (les deux premières sont debout, la troisième couchée). Ces trois pièces de bois forment un *portique*, et c'est à ce portique que sont suspendus la *balançoire*, formée de deux cordes auxquelles est fixée une planche servant de siège; la *corde à nœuds*; le *trapèze*, deux cordes reliées par un morceau de bois arrondi pour ne pas blesser les mains, et la *corde à anneaux*. Le *cheval de bois*, les *haltères* sont sur le sol.

Tous les enfants, même dans les écoles, n'ont pas des gymnases aussi bien installés que celui-ci, mais ils peuvent faire de la gymnastique en courant, en dansant, en sautant par-dessus des tas de sable ou de cailloux, en grimpant aux arbres, en soulevant des fardeaux proportionnés à leurs forces. Il ne s'agit que d'être courageux et prudent à la fois.

**Questionnaire.** — Que font les enfants que vous voyez sur cette image? — Que fait le petit blondin? — Pourquoi se tient-il la jambe? — Avec quoi s'est-il fait mal? — Comment se sert-on des haltères? — Que fait la petite fille? — Comment le petit garçon qui est en l'air a-t-il pu monter si haut? — Que fait le petit garçon dont on ne voit que les jambes, les mains et le fond du pantalon? — A quoi ses mains sont-elles accrochées? — Que fait le cinquième enfant? — Et le sixième tout au fond? — Et ceux qui ne font pas de gymnastique, que font-ils? — Comment s'appelle l'endroit où l'on fait de la gymnastique? — Où est installé le gymnase que nous voyons? — Est-ce que les cordes de ce gymnase sont accrochées en l'air? — Dites comment on a construit ce gymnase. — Dites pourquoi l'on fait de la gymnastique. — Peut-on faire de la gymnastique sans gymnase? — Racontez-moi, les uns et les autres, le genre de gymnastique que vous préférez. — Dites-moi les mots nouveaux et un peu difficiles que nous avons appris aujourd'hui. (*Gymnase, gymnastique, portique, haltère, balançoire* ou *escarpolette, corde à nœuds, trapèze, corde à anneaux.*) — Essayez de me dire ce que c'est qu'un portique, un haltère, une balançoire, une corde à nœuds, un trapèze, une corde à anneaux. — Construisez avec des bâtonnets, des pois, de la ficelle, chacun de ces objets. — Dessinez-les.

Construction d'un portique dans le sable avec deux lattes plantées et une couchée par-dessus.

## Les échasses.

### SECTION DES PETITS (de 2 à 4 ans)

Ce grand garçon grimpé sur deux bâtons va peut-être tomber!... Non, il y est habitué et il est solide sur ses *échasses* comme vous et moi sur nos jambes. Vous voyez qu'elles sont bien attachées au-dessous de son genou. Il se sent si solide, le grand Raymond, qu'il danse et qu'il fait aller ses bras en l'air.

Il y a des personnes qui montent sur des échasses pour s'amuser. Il y en a d'autres qui montent sur des échasses pour marcher dans les hautes herbes, ou parmi les épines.

On est bien étonné de voir Raymond sur ses échasses, et tout le monde le suit. Voilà Jérôme le meunier, avec son bonnet de coton; Marc, dont on aperçoit, entre les jambes de Raymond, les yeux étonnés, le nez en l'air, la bouche ouverte; Louis à côté de Marc, presque caché par Pierre, qui perd son chapeau en courant; Sylvain bouscule les oies, qui s'échappent en criant, et il pique une tête par terre. Il y a même le tout petiot, là-bas, il lève en l'air ses petits bras.

On s'amuse beaucoup, et tout le monde apprendra à monter sur les échasses.

**Questionnaire.** — Sur quoi est monté Raymond? — Va-t-il tomber? (Non, parce qu'il est adroit, et qu'il a appris à monter sur des échasses.) — Pourquoi monte-t-on sur des échasses? — Tous ces enfants qui courent après Raymond avaient-ils vu des échasses? — Que font-ils? — Montrez le garçon meunier. — Qu'a-t-il sur la tête? — Montrez le bébé. — Que fait-il? Montrez les oies. — Pourquoi crient-elles?

## SECTION DES GRANDS (de 4 à 6 ans)

Pour comprendre l'histoire de Raymond, il faut d'abord que vous regardiez bien les deux bâtons qui sont fixés sous ses pieds.

Ces bâtons ne sont pas pareils aux deux bouts; il y a, dans le haut, un morceau de bois assez large pour que le pied puisse s'y appuyer. Ce morceau de bois s'appelle un *étrier*. Il n'est pas pareil aux étriers dont se servent les cavaliers, mais il sert à la même chose : à appuyer le pied.

Ces deux bâtons, avec un étrier à l'un des bouts, s'appellent des *échasses*. On les attache à la jambe, au-dessous du genou, par des liens de cuir, des *courroies*.

Quand on est grimpé sur des échasses, on a des jambes immenses, et l'on fait du chemin ! C'est très amusant. Mais ce n'est pas du premier coup que l'on apprend à s'y maintenir. Il faut essayer, essayer très souvent et ne pas avoir peur de tomber. Je crois qu'il y a maintenant beaucoup d'écoles où les maîtres de gymnastique enseignent à monter sur des échasses.

Mais ce n'est pas pour jouer que les échasses ont été inventées. Elles sont très utiles pour marcher dans le sable, à travers les hautes herbes, et les arbustes épineux, dans ce qu'on appelle la *lande*. Or il y a en France un pays où il n'y a presque que de cela. C'est le département des Landes.

Son sol est sablonneux ; il ne produit naturellement que de la *bruyère* et de la *fougère*. Les arbres qui y viennent le mieux sont les *pins*. Pour faire produire de belles récoltes dans les Landes, il faut dépenser beaucoup d'argent. Ceux qui n'en ont pas sont presque tous bergers; ils font paître leurs troupeaux dans les bruyères et les fougères.

Les échasses.

Beaucoup de personnes trouvent ce pays très laid. Je crois que, si elles avaient regardé les gracieuses découpures des feuilles de la fougère et les délicates fleurettes des bruyères, si elles avaient vu les rayons du soleil passer à travers les aiguilles des pins, si elles avaient entendu la brise de la mer chanter dans les arbres ou le vent furieux gronder dans les forêts, elles auraient au contraire trouvé les Landes fort belles.

Les Landais, qui ont regardé et entendu cela, aiment beaucoup leur pays.

Je vous disais tout à l'heure que la plupart sont bergers. Ce n'est pas facile de surveiller les moutons dans les fougères plus hautes qu'eux; ce n'est pas facile non plus de marcher dans le sable : c'est pour cela que les Landais montent sur des échasses.

Ce beau garçon que vous voyez là, grimpé sur des échasses, c'est Raymond, un jeune Landais qui est le meilleur élève de la classe. Son instituteur l'aime comme son propre fils. Cet instituteur, M. Martin, est allé passer les vacances de Pâques dans sa famille, bien loin du village où est son école, dans un pays qui ne ressemble pas aux Landes du tout, du tout, car c'est un des plus riches de la France, et il a demandé aux parents de Raymond la permission de l'emmener avec lui. Ils ont accepté avec empressement.

« Si j'emportais mes échasses pour les montrer là-bas? a demandé Raymond.

— C'est une très bonne idée. »

Raymond a donc emporté ses échasses. Il ne les a pas montrées dès les premiers jours; il a d'abord fait connaissance avec les enfants du village, et puis, un beau matin, il est sorti de la maison avec ses échasses sous son bras; il s'est esquivé dans le jardin, a grimpé sur ses jambes de bois, et puis le voilà traversant la place.

Quel soulèvement! Il n'y en avait pas eu de pareil

depuis le jour où le grand cirque était venu donner des représentations dans le village. Tout le monde est sorti sur la place. On n'était pas d'abord très rassuré, parce qu'on n'avait pas bien reconnu Raymond; mais, quand on a été bien sûr que c'était lui, on s'est élancé pour mieux le voir : le garçon du moulin, coiffé de son bonnet de coton, les camarades de Raymond, le bébé qui marche à peine seul; et c'étaient des exclamations, des rires, des étonnements! Il y a bien eu un peu de bousculade; le gros Sylvain a trébuché au milieu des oies effrayées.

« Ce n'est pas plus malin que ça, s'écriait Raymond en agitant ses bras en l'air et en faisant des entrechats comme s'il était à la danse.

— Alors... veux-tu m'enseigner, dis?...

— Certainement. »

A la fin des vacances, tous les enfants de l'école de Clairac étaient adroits sur les échasses comme de jeunes Landais.

**Questionnaire.** — Qu'est-ce que des échasses? — Comment s'appelle le morceau de bois sur lequel on appuie les pieds? — Où attache-t-on les échasses? — Avec quoi les attache-t-on? — Pourquoi monte-t-on sur des échasses? — Est-ce l'habitude de tout le monde de monter sur les échasses? — Pourquoi les Landais montent-ils sur des échasses? — Savez-vous où est le pays des Landais? — Y a-t-il dans les Landes de beaux champs de blé, des prairies, des vignobles? — Qu'y a-t-il surtout? — Construisons la France dans le sable et mettons une marque sur les Landes. — L'image vous montre-t-elle le pays de Raymond? — Dans quel pays est-il? — Pourquoi est-il venu à Clairac? — Qu'a-t-il dit au moment de partir? — Qu'a répondu l'instituteur? — Racontez ce que Raymond a fait quelques jours après son arrivée. — Les gens du village ont-ils été étonnés? — Racontez ce qu'ils font.

Montrer aux enfants le département des Landes. — Leur montrer la fougère, la bruyère et le pin maritime, sur une image *au moins*. — Leur promettre l'histoire de Brémontier pour la prochaine causerie. — Faire décrire successivement par quelques enfants l'attitude de chacun des personnages. — Faire raconter l'histoire de Raymond par un seul, en chargeant deux ou trois camarades de lui aider. — Faire rectifier *à la fin* les expressions et les phrases mal construites.

## Le départ pour la vigne de grand'mère.

### SECTION DES PETITS (de 2 à 4 ans)

Je vous présente *Coco*, un bon vieux cheval qui ne voudrait pas faire de mal aux enfants de ses maîtres. Il se laisse tenir par le petit Pierre, qui n'a pas six ans. Coco est attelé à une charrette où il y a déjà quatre personnes : une vieille femme, c'est la grand'maman, et trois petites filles. Quand tout le monde sera monté, il y aura sept personnes : la grand'mère et ses six petits-enfants. Coco sera assez chargé, mais pas trop. Les chevaux sont très forts.

Il y a une personne qui ne montera pas dans la charrette, c'est la maman des six enfants. Elle gardera la maison en faisant le ménage. Vous la voyez devant la porte, elle essuie une terrine.

Tous les autres partent pour aller vendanger dans la vigne de la grand'maman. Ils emportent leur déjeuner dans une corbeille que le petit Bernard est en train de charger sur la charrette. Quand cette corbeille sera placée de manière à ne gêner personne, il chargera aussi celle qui est par terre aux pieds de sa sœur Marie. Dans cette seconde corbeille, il y a des souliers de rechange pour tous les enfants.

Tout le monde a mis de grands chapeaux pour se préserver du soleil, et l'on compte sur une bonne journée. Jeanne, la grande sœur, reste debout dans la charrette pour mieux voir la campagne; Marianne a pris le fouet,

Le départ pour la vigne de grand'mère.

et elle s'amusera peut-être à fouetter les cailloux de la route, puisqu'il n'y a pas de cheval derrière la charrette; la petite Louisette regarde la corbeille du déjeuner. La grand'maman dit à la fermière : « Ne t'inquiète pas, si nous rentrons un peu tard ; les enfants sont bien couverts, il n'y a rien à craindre. »

Quand la fermière aura fini le ménage, elle ira coudre ou tricoter sous le grand arbre qui est derrière la maison.

**Questionnaire.** — Montrez Coco. — Pensez-vous que ce soit un bon cheval ou un méchant cheval? — Qu'est-ce qui vous fait croire que c'est un bon cheval? — Est-il bien chargé en ce moment? — Sera-t-il plus chargé bientôt? — Combien y aura-t-il de personnes dans la charrette quand tout le monde sera monté? — Que met-on encore dans la charrette? — Qui fera le cocher? — Où est le fouet? — Que fera Marianne avec le fouet? — Où est la maman des six enfants? — Que fait-elle? — Pourquoi ne monte-t-elle pas dans la charrette? — Que fera-t-elle quand on sera parti? — Qu'est-ce que la grand'maman dit à sa fille? — Pourquoi tout le monde a-t-il mis de grands chapeaux?

---

## SECTION DES GRANDS

Nous sommes à la campagne. La maison de Madeleine (Madeleine, c'est la femme que vous voyez debout à la porte), la maison de Madeleine est toute seule au bord du chemin; elle n'est pas dans une rue. C'est une maison *isolée*. Elle n'est pas bien haute. Il y a un rez-de-chaussée au niveau de la route et puis un grenier pour serrer le foin et le grain. Il n'y a pas beaucoup de fenêtres non plus, et celles qu'il y a sont très petites. C'est presque toujours ainsi à la campagne : les maisons sont basses, il y a peu de fenêtres.

Madeleine est une femme très propre — il n'y a qu'à voir ses six enfants, pour en être persuadé. — Elle est propre, et puis elle aime les jolies choses, les fleurs surtout. Elle a planté devant sa maison une plante grimpante qui couvre une partie du mur et qui monte jusqu'au toit. Je crois que bientôt des branches retomberont au-dessus de la porte, et ce sera très joli. Je ne sais pas trop quelle est cette plante. C'est peut-être un rosier grimpant ou un pied de clématite, ou de chèvrefeuille, ou de vigne-vierge, ou de houblon (1).

Derrière la maison, il y a un bel arbre. Madeleine travaille quelquefois à l'ombre de ses grandes branches, et les enfants y jouent les jours de congé. De là, la vue s'étend au loin.

Aujourd'hui, Madeleine reste seule à la maison. Sa vieille mère lui a proposé d'emmener les enfants à la vigne, située à quelques kilomètres et où l'on fait la vendange.

Quel bonheur pour les enfants! Ils se sont levés en même temps que le soleil; les grands ont habillé les petits, comme cela se fait dans toutes les familles où la maman élève bien ses enfants, et puis Bernard, l'aîné des garçons (il a onze ans), s'est chargé de soigner Coco et de l'atteler à la charrette. D'abord il a donné à manger à sa bête et il s'y est pris à l'avance, parce que les chevaux mangent très lentement; puis, en flattant de la voix et de la main son vieux serviteur, il l'a amené, à reculons, entre les deux brancards de la charrette. Il n'a oublié ni le mors, ni les harnais, ni le licol, ni le bât, on peut se fier à cet intelligent petit garçon.

Quand Coco a été attelé, Bernard a dit au petit Pierre de se mettre devant le cheval et de le tenir par la gourmette (c'est-à-dire par la petite chaîne qui réunit les deux parties du mors), pendant qu'il aiderait à sa grand'mère et à ses sœurs à monter dans la charrette et qu'il chargerait les provisions. Petit Pierre s'acquitte très bien de sa tâche; il n'a pas peur du vieux Coco.

(1) Montrer, si possible, ces différentes plantes grimpantes; au moins, des images les représentant.

Grand'mère est montée, puis la sœur aînée, Jeanne; Louis lui a fait passer Louisette qui ne saurait pas grimper toute seule, Marianne s'est installée à l'arrière de la charrette... Pierrot pourra bien grimper, lui aussi, et je vous assure qu'il est leste.

Grand'mère fait à sa fille ses recommandations : « Et surtout ne t'inquiète pas. Il y aura clair de lune, ce soir; Coco a la jambe sûre, nous rentrerons sans accidents. »

Souhaitons une bonne journée à ces vendangeurs!

**Questionnaire.** — A quoi reconnaissez-vous que nous sommes à la campagne? — Décrivez la maison de Madeleine. — Dites si elle est haute ou basse; dites si elle est très ouverte aux rayons du soleil. — Par quoi est-elle ornée? — Connaissez-vous des plantes grimpantes? — Parmi celles que nous avons citées, dites celles dont les fleurs ont le meilleur parfum. — Qu'est-ce qui abrite la maison contre les rayons du soleil? — Qu'a fait Bernard avant d'atteler Coco? — Pourquoi s'y est-il pris à l'avance? — Savez-vous ce que mangent les chevaux? — Dites tout ce qu'on met sur le cheval pour l'atteler. — Les enfants se sont-ils levés de bonne heure? — Qui les a habillés? — Que fait le petit Pierre devant Coco? — Comment le tient-il? — Montrez les brancards de la charrette. — Qui conduira Coco quand les corbeilles seront chargées? — Où ira-t-on? — Dites ce que c'est que vendanger. — Quels sont les enfants de l'école maternelle qui ont vu vendanger? — Qu'est-ce que la grand'mère dit à la fermière?

Maintenant, chacun de vous me dira quelque chose de ce qu'il voit. Parlons de Coco :

Coco est un cheval. — Coco est un bon cheval. — Coco se laisse tenir par le petit Pierre. — Coco est chargé. — Coco n'est pas trop chargé. — Coco traînera la charrette.

Parlons du petit Pierre :

Pierre tient Coco. — Pierre a une baguette à la main. — Pierre a une veste blanche. — Pierre a un chapeau. — Pierre n'a pas six ans. — Pierre a un frère et quatre sœurs. — Pierre n'a pas peur des chevaux.

Parlons de Marie :

Marie a un grand chapeau entouré d'un ruban noir. — Marie tourne le dos à la charrette. — Marie fera passer la corbeille à Bernard. — Marie est une petite fille obligeante.

A Bernard, maintenant :

Bernard travaille comme un grand garçon. — Bernard va mettre la corbeille dans la charrette. — Bernard a couché une chaise par terre et il est monté dessus pour atteindre le siège de la charrette.

— Bernard est tout habillé de blanc; il a retroussé son pantalon pour ne pas le salir. — Bernard est soigneux.

Jeanne :

Jeanne est debout dans la charrette. — Jeanne veut voir la campagne. — Jeanne empêchera Louisette de tomber. — Jeanne ne craint pas l'air pour son cou; elle n'a pas de fichu. — Jeanne a un très grand chapeau.

Louisette :

Louisette est toute petite. — Louisette a de jolis bras nus. — Louisette regarde Bernard. — Louisette pense qu'il y a de bonnes choses dans la corbeille.

Marianne :

Marianne a pris le fouet. — Marianne a choisi une bonne place derrière la charrette. — Marianne fera semblant d'avoir des chevaux. — Marianne fouettera les cailloux de la route.

La grand'maman :

La grand'maman emmène ses petits-enfants à la campagne. — La grand'maman conduira Coco. — La grand'maman dit à sa fille : « Ne crains rien; ne t'inquiète pas. » — La grand'maman aime bien sa fille et encore plus ses petits-enfants. — Les petits-enfants de la grand'mère sont les enfants de sa fille. — La grand'mère a six petits-enfants.

La fermière :

La fermière reste à la maison pour faire le ménage. — La fermière essuie une terrine. — La fermière a de beaux enfants. — La fermière tient ses enfants très propres. — La fermière écoute ce que lui dit sa mère. — La fermière coudra ou tricotera sous le grand arbre.

## Le braconnier.

### SECTION DES PETITS (de 2 à 4 ans)

Cet homme vient de tuer un lièvre dans la forêt. Il le tient par les oreilles et il le porte à sa femme pour qu'elle le fasse cuire, ou bien il va essayer de le vendre.

Cet homme a tué autre chose que le lièvre, car son sac paraît bien garni. Ce sac s'appelle une gibecière ; il est suspendu à une courroie qui passe par dessus l'épaule du chasseur.

Ce chasseur a une blouse noire, un pantalon court, des guêtres attachées avec des courroies ; il a un chapeau à larges bords. Il a l'air méchant, mais peut-être qu'il ne l'est pas, je crois plutôt qu'il a peur d'être rencontré par le garde du bois, parce qu'il est allé à la chasse sans permission.

**Questionnaire.** — D'où vient cet homme ? — Qu'est-ce qu'il a fait dans la forêt ? — Montrez le lièvre. — A-t-il tué autre chose ? — Où a-t-il mis ce qu'il a tué ? — Comment s'appelle ce sac ? — Comment est-il attaché ? — Dites comment l'homme est habillé. — Montrez son chapeau, sa blouse, ses guêtres. — Montrez son fusil. — Pourquoi n'a-t-il pas l'air aimable ? — Pourquoi a-t-il peur ?

---

### SECTION DES GRANDS (de 4 à 6 ans)

Qui de vous a jamais vu une forêt, mes chers enfants ? C'est un endroit où il y a beaucoup d'arbres. Tous ne

Le braconnier.

sont pas de la même grandeur, parce qu'ils n'ont pas tous le même âge, et parce qu'ils ne sont pas tous de la même espèce. Les uns ont le tronc mince et flexible et se courbent au moindre vent, les autres sont gros et forts et résistent à la tempête.

Au pied de ces arbres, le sol est couvert de plantes. Il y a des mousses qui ressemblent à un tapis de velours vert ou de velours brun. Les mousses ne deviennent jamais hautes : on dirait simplement que c'est la moelleuse couverture de la terre. Parmi ces mousses, d'autres plantes poussent : il y a des bruyères aux feuilles minces qui ressemblent à des aiguilles, il y a des fougères aux grandes tiges et aux feuilles délicatement découpées, il y a des anémones, des muguets, etc. Dès les premiers jours du printemps, les arbres se couvrent de feuilles, les bruyères fleurissent en rose, en lilas, en blanc ; les anémones étalent leurs fleurs semblables à des étoiles rosées et les muguets entr'ouvrent leurs petites clochettes blanches. Il fait frais dans la forêt, parce que les feuilles des arbres sont comme un rideau qui empêche le soleil de pénétrer, et puis parce qu'il y a de petits ruisseaux qui courent dans tous les sens sous la mousse. S'il n'y avait pas d'eau, les arbres ne grandiraient pas, et les petites plantes sécheraient et ne pourraient fleurir.

Les forêts sont aussi habitées que les villes ; mais elles ne sont pas habitées par des hommes. Ce sont les animaux qui sont les habitants des forêts.

Sur les arbres, il y a des oiseaux ; dans les mousses, il y a des insectes. Il y a encore d'autres animaux : il y a des lapins et des lièvres, il y a des cerfs et leurs femelles les biches ; il y a des espèces de porcs sauvages, qu'on appelle des sangliers ; il y a même des loups, mais très peu, très peu ; si peu que l'on n'en rencontre presque jamais.

Parmi les animaux des forêts ou des bois, il y en a de

très bons à manger, entre autres les lièvres; aussi y trouve-t-on souvent des chasseurs.

Mais la chasse n'est pas permise dans tous les bois; il y en a que leurs propriétaires entourent de murs pour qu'on n'aille pas gâter leurs arbres et tuer leur gibier. Il n'est pas permis non plus de chasser en toute saison; car, si l'on chassait toujours, on finirait par tuer tout le gibier qui est dans les forêts, et l'on causerait beaucoup de dégâts dans la campagne.

Quand on veut aller à la chasse, il faut donc savoir si c'est la saison — on dit alors que la *chasse est ouverte*, et il faut acheter *un permis* de chasse.

Il y a des hommes qui chassent sans *permis* et aussi dans la saison où la chasse est fermée. Ces hommes sont appelés des *braconniers*. Quand les gardes des bois ou les gardes champêtres rencontrent un braconnier, ils le conduisent en prison.

L'homme que vous voyez sur cette image n'est pas un chasseur; c'est un braconnier, aussi il a peur. Il regarde en dessous, il prête l'oreille; il n'a pas la conscience tranquille.

**Questionnaire.** — Qu'est-ce qu'une forêt? — Tous les arbres se ressemblent-ils? — Pourquoi ne se ressemblent-ils pas? — Dites quelques noms d'arbres. — Nommez les petites plantes qui tapissent le sol. — Décrivez-les, *si vous les connaissez*. — Parlez des habitants des mousses et des autres petites plantes. — Parlez des animaux à quatre pattes et à poils qui vivent dans la forêt. — Parlez des oiseaux. — Peut-on chasser en toute saison? — Pourquoi ne peut-on pas toujours chasser? — Pour aller à la chasse que faut-il acheter? — Qu'est-ce qu'un chasseur? — Qu'est-ce qu'un braconnier? — Regardez l'image et dites ce que vous voyez.

## Les deux amis.

### SECTION DES PETITS (*de 2 à 4 ans*)

Oh! un homme tout noir! et puis une jolie petite fille toute blanche et bien habillée.

Pourquoi est-il tout noir comme cela, l'homme? Peut-être que c'est un charbonnier! Non, s'il avait la figure et les mains si sales, je suis sûre que la jolie petite fille ne se serait pas mise sur ses genoux et qu'elle n'appuierait pas sa joue sur celle de l'homme noir.

Cet homme noir, c'est un nègre. Dans son pays, qui est bien loin, bien loin de chez nous, tout le monde est noir comme lui; les hommes sont noirs, les femmes sont noires, les enfants sont noirs. Ce sont tous des nègres.

La peau des nègres ne ressemble pas à notre peau. Mais les nègres sont comme nous: les papas nègres et les mamans négresses aiment bien leurs enfants; les petits enfants nègres aiment bien leurs parents; ils jouent comme vous, ils apprennent comme vous et ils sont de bons camarades comme vous.

Ce nègre s'appelle Bob; il est le domestique du papa de la jolie petite Hélène. Il joue bien souvent avec elle, et il la prend dans ses bras pour lui faire passer les ruisseaux. Hélène aime beaucoup Bob. Aujourd'hui il a du chagrin, il pleure parce que sa vieille mère est malade. Hélène le console en lui disant des mots tendres: « Mon pauvre Bob, ne pleure pas! Mon pauvre Bob, je t'aime bien. » Et puis elle essuie les larmes de Bob avec un mouchoir.

Bob est un bon nègre, et Hélène est l'amie de Bob.

Les deux amis.

**Questionnaire.** — De quelle couleur est cet homme? — Est-il malpropre? — Il ne s'est pas roulé dans le charbon ni dans la peinture noire? — Il ne s'est pas baigné dans l'encre? — Qu'est-ce qui vous fait deviner qu'il est propre? — Comment appelle-t-on les hommes tout noirs? — Est-ce qu'il y a des femmes toutes noires? — Comment les appelle-t-on? — Est-ce que les nègres ont bon cœur? — Comment s'appelle celui-ci? — Et la jolie petite fille, comment s'appelle-t-elle? — Pourquoi Hélène aime-t-elle Bob? — Pourquoi Bob pleure-t-il? — Que dit Hélène? — Que fait Hélène?

---

## SECTION DES GRANDS (de 4 à 6 ans)

Le papa de la gentille Hélène a fait de grands voyages sur mer. Il est allé surtout en Afrique — un immense pays très chaud dont les habitants sont tout noirs (des nègres), et il en a ramené ce beau et bon garçon qui s'appelle Bob. Bob a très bien appris à conduire les chevaux du papa d'Hélène, c'est son cocher.

Et puis il a trouvé Hélène si gentille, avec sa peau douce et blanche et rose, ses jolis cheveux blonds et sa voix qui chante comme celle des oiseaux, qu'il s'est mis à l'aimer de tout son cœur. Lorsque le papa ou la maman d'Hélène ne peuvent sortir, c'est lui qui la conduit à la promenade. Que de bonnes parties ils font tous les deux! Hélène est reconnaissante envers Bob de toutes ses bontés, et elle l'aime aussi bien tendrement.

Aujourd'hui, Bob est bien malheureux, parce qu'il a reçu des nouvelles de son pays d'Afrique; sa vieille mère était bien malade quand on lui a écrit, et il faut si longtemps à une lettre d'Afrique pour arriver en France que Bob craint que sa pauvre maman ne soit morte. Le bon garçon s'est assis tout découragé sur un banc de la terrasse, son chapeau a roulé à ses pieds et de grosses larmes coulent sur ses joues noires.

« Ne pleure pas, mon pauvre Bob, lui dit Hélène en essuyant les larmes de son ami; ta maman est peut-être guérie; et puis, tu sais bien, tout le monde t'aime ici..., tu es comme mon grand frère, tu resteras toujours avec nous... »

Bob n'oubliera pas sa mère pour cela; mais les douces choses que lui dit la petite Hélène lui font beaucoup, beaucoup de bien. La bonté d'Hélène donne du courage à son ami Bob.

**Observations pour les maîtresses.** — Je prie les directrices de ne pas faire dégénérer le commencement de cette explication en une leçon de géographie, qui, dès le début, refroidirait peut-être la curiosité des enfants. Deux mots peuvent les mettre au courant de la situation. Bob est *noir* parce qu'il habite un pays où tout le monde est noir; de même que nous sommes *blancs* parce que nous habitons un pays où tout le monde est blanc. Pas d'explications surtout, au sujet de cette différence. Les savants eux-mêmes ne sont pas d'accord; pourquoi initier les enfants à leurs doutes?

De même pour la leçon morale qui résulte de ce petit récit: plus elle sera simple, plus elle *portera*. La bonté ne peut ni ne doit être définie par les enfants; ils la voient agir; ils en voient les effets; c'est bien ainsi. Et remarquez en passant comme la *bonté* est supérieure à l'aumône dont on entretient presque constamment les enfants! Chacun *peut être* bon s'il y travaille, tandis que, quoi qu'on en dise, tout le monde ne peut pas donner.

**Questionnaire.** — Que voyez-vous sur cette image? — Comment est le garçon? — Comment est la petite fille? — Que fait la petite fille qui s'appelle Hélène? — Pourquoi Bob a-t-il de la peine? — Que lui dit Hélène pour le consoler? — Bob est-il un Français? — A quoi reconnaissez-vous que ce n'est pas un Français? — D'où est-il? — Savez-vous par où il faut passer pour aller de France en Afrique (montrer dans le sable le relief de la France et de l'Afrique séparées par la Méditerranée)? — Est-ce que Bob fait la cuisine chez les parents d'Hélène? — Comment s'appelle celui qui conduit les chevaux?

Parlez-moi de Bob:
Bob est un nègre. — Bob n'est pas sale, quoiqu'il soit noir. — Bob est le cocher des parents d'Hélène. — Bob va à la promenade avec Hélène quand son papa et sa maman ne peuvent pas sortir. — Bob pleure parce que sa mère est malade.

Parlez-moi d'Hélène:
Hélène est une jolie petite fille; sa peau est douce; ses cheveux sont frisés. — Hélène a une robe blanche. — Hélène est assise sur les genoux de son ami Bob. — Elle essuie les larmes de Bob avec son mouchoir. — Elle lui dit qu'elle l'aime bien.

Faites expliquer toute l'image par un enfant.

## Pour l'arrivée de papa.

### SECTION DES PETITS (*de 2 à 4 ans*)

Voici beaucoup de monde : un homme, deux petites filles, trois petits garçons. Ils tiennent tous une bêche à la main. Il y a six personnes, il y a six bêches. Des bêches, ce sont des pelles en fer avec lesquelles on remue la terre.

L'homme, je crois que c'est le jardinier, a été militaire, il a conservé son képi, peut-être aussi son pantalon de soldat, mais je n'en suis pas sûre, parce que cette image n'est pas coloriée. Ce que je sais, c'est que, pour avoir moins chaud, il a enlevé sa veste, il a même relevé jusqu'au coude les manches de sa chemise.

La première petite fille a des bottines noires, des bas blancs, un pantalon blanc, une jupe blanche, une veste noire sans manches, un col blanc et un chapeau rond à petits bords entouré d'un ruban noir.

La seconde petite fille a des bottines à raies blanches et noires, une robe blanche, une cravate autour du cou avec un nœud bien fait, un chapeau rond sans bords avec une plume toute droite. C'est peut-être l'aile d'un oiseau. Les chapeaux ronds sans bords s'appellent des *toques*.

Le premier petit garçon a des bottines noires, des bas blancs, un pantalon blanc, une veste noire à poches et un chapeau à larges bords.

Le second petit garçon a de gros souliers, un panta-

Pour l'arrivée de papa.

lon et une veste gris ou blancs, il n'a pas de chapeau : on voit ses cheveux noirs.

Le troisième petit garçon a des souliers découverts, un pantalon blanc, une veste noire... Tiens, il n'a pas de tête ! Elle est cachée derrière celle de son petit voisin. (Pierre, cache ta tête derrière celle de Jacques. Vous ne voyez plus la tête de Pierre, mais vous savez qu'elle y est. C'est la même chose pour le petit garçon de l'image.)

Voyez-vous les deux pieds de la première petite fille ? — Il y en a un qui est placé derrière la jambe du jardinier.

Voyez-vous les deux pieds de la seconde petite fille ? — Non ; il y en a un qui est caché par la bêche de la première petite fille.

Voyez-vous les pieds des trois petits garçons ? Où est le pied gauche du second, de celui qui est tout en blanc et sans chapeau ? — Il est sur le fer de la bêche.

Où sont-ils, ces enfants ? — Dans le jardin ; derrière eux on voit la maison, les arbres, la grande porte et, en dehors, une maison sur la route.

Ils remuent la terre pour planter ensuite des fleurs. Le petit garçon qui a son chapeau sur la tête ne s'y prend pas très bien ; pour que la bêche s'enfonce dans la terre, il faut appuyer son pied sur le fer. Et puis il y a le dernier qui lance la terre en l'air, elle lui retombera sur la tête et peut-être dans les yeux.

(S'il y a dans l'école de petites bêches ou des pelles, ce qui est très désirable, on fera faire l'exercice aux enfants. Ils essayeront de reproduire l'attitude de chacune des personnes représentées sur l'image.)

**Questionnaire.** — Pourquoi les enfants remuent-ils la terre ? — Qui est-ce qui leur montre comment il faut s'y prendre ? — Montrez les enfants qui ont fait attention et qui ont compris. — Que devrait faire le petit garçon qui a un chapeau à larges bords ? — Quelle sottise fait le dernier petit garçon ? — Qu'est-ce qui lui arrivera ?

## SECTION DES GRANDS (*de 4 à 6 ans*)

Ces deux petites filles et ces trois garçons (qui seront décrits comme aux paragraphes précédents) sont les enfants de M. Martel. Ils aiment beaucoup leur papa et leur maman. Leur maman le sait bien, ils le lui prouvent tous les jours par leur bonne volonté au travail et par leur tendresse. Mais leur papa ne le sait que par les petites lettres qu'ils lui écrivent. Il est en voyage depuis bien longtemps.

Mais il va arriver, on l'attend la semaine prochaine.

Que faire pour fêter son arrivée, pour que tout plaise à ses yeux ?

« Votre papa aime beaucoup, beaucoup les fleurs, dit M<sup>me</sup> Martel ; il faudra faire de beaux bouquets.

— Oui ! oui ! s'écrièrent les enfants.

— C'est bien dommage que les fleurs se fanent si vite, dit le gros Maurice, le bonhomme au chapeau à larges bords, qui s'y prend si mal pour bêcher.

— Si c'étaient des fleurs plantées, répliqua Madeleine, la fillette à la toque, cela durerait longtemps et ce serait un souvenir du retour de papa !

— Eh bien, plantons des fleurs, dit Lucile, l'aînée ; faisons un beau massif sous les fenêtres de la chambre de père ; il y a là un terrain qui ne fait rien...

— Il est bien dur, répliqua Louis (celui que vous voyez vêtu de gris ou de blanc).

— On le bêchera donc ! » s'écria M. Charlot, celui qui joue si bien avec la terre.

L'affaire a été décidée tout de suite ; on est allé chercher Pierre le jardinier, il a apporté des bêches, et il a montré aux enfants comment on creuse et comment on retourne la terre.

Quand la terre aura été bien préparée, on plantera de

rosiers, des héliotropes, des œillets et une bordure de reines-marguerites. On les arrosera soigneusement, et j'espère que le massif sera en bon état lorsque M. Martel reviendra la semaine prochaine.

**Questionnaire.** — Que font ces cinq enfants et le jardinier ? — Pourquoi bêchent-ils? — Que veulent-ils planter ? — (Ici, j'engage les directrices à avoir quelques plantes et à ne nommer que celles qu'elles pourront montrer ; l'exercice ainsi compris apprendra nécessairement aux enfants le nom de quelques fleurs, et, ce qui est important, à donner aux fleurs le nom qui leur appartient.) — Pourquoi veulent-ils faire un massif de fleurs? — (Montrer aux enfants, dans le sable du jardin, ce que c'est qu'un massif; le distinguer de la plate-bande.) — Pourquoi n'ont-ils pas préféré faire de beaux bouquets? — Qui a eu la bonne idée de planter le massif? — Quand les fleurs seront plantées, que faudra-t-il faire ? — Pourquoi plantent-ils des pieds au lieu de semer des graines ?

Décrire le costume de chaque enfant. — Dire ce que l'on pense en voyant le képi du jardinier. — Faire reproduire l'histoire.

## Le lièvre.

### SECTION DES PETITS (*de 2 à 4 ans*)

Cet animal aux longues oreilles, qui court vite, vite, c'est un lièvre. Il court parce qu'il est poursuivi par des chiens. Oh ! il y en a beaucoup de chiens ! Il y en a cinq. Il est poursuivi aussi par un homme armé d'un fusil.

Pauvre lièvre ! Il était bien tranquillement accroupi dans un champ, entre deux mottes de terre, lorsqu'il a entendu les chiens. Aussitôt il a pris sa course, parce qu'il a compris que les chiens et l'homme le cherchaient pour le tuer. Le voilà qui arrive dans un chemin creux, après avoir traversé des champs nouvellement récoltés. Peut-être sera-t-il sauvé pour cette fois.

Les hommes qui poursuivent les lièvres pour les tuer sont des chasseurs. Les chasseurs tuent les lièvres pour manger leur chair, qui est très bonne, et aussi pour faire avec leur peau garnie de poils des casquettes chaudes, des cols et des doublures pour les manteaux.

**Questionnaire.** — Montrez-moi les oreilles du lièvre, mes enfants, et dites-moi si elles sont de la même grandeur que celles du chat, du chien, du mouton. — Connaissez-vous un autre animal qui a aussi de très longues oreilles ? — Qui court plus vite, l'homme ou le lièvre ? — Dites-moi pourquoi ce lièvre court si vite. — Montrez-moi les chiens, comptez-les. — Montrez-moi l'homme. — Avec quoi veut-il tuer le lièvre ? — Pourquoi veut-il le tuer ? — Comment s'appelle l'homme qui cherche à tuer le lièvre ? — Montrez-moi la campagne.

## SECTION DES GRANDS (de 4 à 6 ans)

Vous savez, mes enfants, que cet animal est un lièvre, et vous savez aussi pourquoi il court si vite. C'est pour échapper au chasseur et aux chiens qui veulent le tuer. Peut-être le chasseur tirera sur lui et le tuera d'un coup de fusil. Peut-être le fera-t-il poursuivre par ses chiens jusqu'à ce que le pauvre animal tombe de fatigue. En ce cas, on dira que le lièvre a été *forcé*.

Il habitait la forêt voisine, sous les grands arbres; il avait, suivant la saison, un tapis de fleurettes, de feuilles sèches ou de mousse. Il se nourrissait de plantes qui sentent bon : de thym, de serpolet, de marjolaine. Il ne restait pas toujours dans le bois. Comme les lièvres aiment aussi les grains et les fruits, il allait parfois chercher son repas dans les champs, dans les vergers, le long des haies, sur les routes plantées d'arbres fruitiers. L'hiver, quand la neige couvrait d'un manteau blanc les petites plantes des bois et qu'il n'y avait ni grains dans les champs, ni fruits sur les branches, il rongeait l'écorce des arbres. Tous les lièvres en font autant : aussi les agriculteurs leur font une rude guerre. Et puis leur chair est très bonne à manger, et leur fourrure, c'est-à-dire leur peau recouverte de poils, est très utile pour faire des casquettes, des cols et des doublures de manteaux. Enfin, la chasse est un exercice très amusant et très sain.

Le lièvre a une mauvaise réputation. On dit partout qu'il est très peureux. En effet, au moindre bruit, il se croit mort. Mais c'est la faute des chiens et des chasseurs.

Vous connaissez un animal que beaucoup de personnes confondent avec le lièvre : c'est le lapin. Ces deux animaux se ressemblent, en effet, mais leur chair n'a pas le même goût et ils n'ont pas les mêmes habitudes. Le

Le lièvre.

lièvre ne se fait pas d'habitation, le lapin s'en fait une, qu'on appelle un terrier, dans la terre ou dans le creux des rochers. Le lapin court plus vite que le lièvre, mais il est plus tôt fatigué. L'un fait, je crois, autant de mal que l'autre à l'agriculture, et l'on a beau leur faire la chasse, il y en a toujours plus que l'on n'en tue, parce que les femelles ont une quantité de petits tous les ans.

Dans un pays qui est bien loin, bien loin d'ici, en Australie, il n'y avait pas de lièvres autrefois; les chasseurs le regrettaient beaucoup. Alors, des voyageurs en ont apporté quelques-uns qu'ils ont lancés dans les bois. Ces quelques lièvres ont eu beaucoup de petits; ces petits ont eu à leur tour encore plus de petits, si bien que le pays, une île immense, en a été presque ravagé, et qu'on donne des récompenses à ceux qui en tuent le plus.

On n'élève pas les lièvres, ils restent toujours dans la campagne et cherchent toujours eux-mêmes leur nourriture. *Ce sont des animaux sauvages*, ce qui ne veut pas dire méchants; le lièvre, qui a peur d'une feuille qui tombe, n'attaque personne et fuit toujours.

Tous les lapins ne sont pas en liberté. On en élève dans les basses-cours; on les nourrit, on les soigne. Il y a donc des lapins sauvages et des lapins domestiques. La chair des lapins sauvages est meilleure que celle des lapins domestiques.

**Questionnaire.** — Où habitent les lièvres? — Pourquoi ne restent-ils pas toujours dans les bois? — Où vont-ils chercher du grain et des fruits? — Quand ils n'ont ni plantes *aromatiques*, ni grains, ni fruits, que mangent-ils? — Quel est le grand défaut des lièvres? — Est-ce leur faute s'ils sont peureux? — A qui la faute? — Puisque les lièvres ne sont pas méchants, pourquoi cherche-t-on à les détruire? — Malgré la guerre qu'on leur fait, seront-ils bientôt détruits? — Pourquoi? — Racontez ce qui s'est passé dans une grande île très éloignée. — Dites comment s'appelle cette île. — Comment le chasseur, que vous voyez sur cette image, tuera-t-il le lièvre? — Quel est l'animal qui ressemble beaucoup au lièvre? —

Quelles différences y a-t-il entre les lièvres et les lapins? — Dites ce que c'est qu'un animal sauvage. — Tous les animaux sauvages sont-ils méchants? — Dites maintenant ce que c'est qu'un animal domestique. — Citez des animaux sauvages. — Citez-en quelques-uns dont nous n'avons rien à redouter. — Citez-en quelques autres qu'il ne ferait pas bon rencontrer dans les chemins. — Y a-t-il dans notre pays beaucoup d'animaux sauvages redoutables?

## Saute, Marquis!

### SECTION DES PETITS (de 2 à 4 ans)

Voici un homme assis sur un banc. Il tient un cerceau à la main. Et puis... que voyez-vous encore ? — Un petit enfant avec un habit et sur la tête un bonnet de police. Mais non, ce n'est pas un enfant. Voyez cette longue queue qui traîne par terre, et puis... ces longs bras, et puis ces mains si mal faites. Oh ! non, ce n'est pas un enfant. Les enfants sont jolis. C'est un singe.

Vous ne connaissez pas les singes ? Il n'y en a pas chez vous ? ni chez vos voisins ? Non ! Chez vous et chez vos voisins, il y a des chiens, des chats, des oiseaux ; mais il n'y a pas de singes, il ne fait pas assez chaud pour eux. Quand on en veut, il faut les faire venir de leur pays.

Ce monsieur est allé dans ce pays-là bien loin, bien loin, où il fait très chaud toujours, et il a rapporté ce singe ; il l'a appelé « Marquis » je ne sais pas pourquoi. Les singes regardent toujours ce que l'on fait autour d'eux, et ils essayent d'en faire autant, et comme ils sont très adroits, on leur apprend beaucoup de choses.

Marquis sait prendre les assiettes dans le placard et les mettre sur la table ; il sait agiter la sonnette et jouer au cerceau. Il faut le voir pousser le cerceau avec sa baguette et courir à côté ! Il sait aussi passer dans le cerceau en sautant. C'est ce qu'il va faire. Quand il aura traversé le cerceau, son maître lui offrira une noisette.

Saute, Marquis!

Marquis la prendra entre ses pattes de devant, qui sont comme des bras avec mains, puis il la cassera avec ses dents, et il la mangera de bon appétit.

Le monsieur s'amuse beaucoup à faire travailler Marquis. Tous les jours quand il fait beau, il vient s'asseoir sur le banc près des arbres; il met sa canne entre ses jambes, et de temps en temps, il enseigne au singe un nouvel exercice.

**Questionnaire.** — Qu'est-ce que M. Martin tient à la main? — Avez-vous des cerceaux? — Que ceux qui ont des cerceaux lèvent la main. — Avec quoi pousse-t-on le cerceau? — Est-ce un petit enfant qui va passer dans le cerceau? — A quoi reconnaissez-vous que ce n'est pas un petit enfant? — Voyez-vous souvent des singes? — Pourquoi n'y en a-t-il pas beaucoup ici? — Comment M. Martin a-t-il habillé Marquis? — Qu'est-ce que Marquis sait faire? — Comment a-t-il appris? — Qu'est-ce que M. Martin donnera à Marquis lorsqu'il aura passé dans le cerceau? — Comment fera-t-il pour casser sa noisette et la manger?

---

## SECTION DES GRANDS (de 4 à 6 ans)

Quand M. Martin était plus jeune, il était marin; il faisait de grands voyages sur un navire. Il allait en Afrique pour acheter beaucoup de choses que nous n'avons pas dans notre pays : des défenses d'éléphants avec lesquelles on fait des objets en ivoire, puis le bois de certains arbres pour faire des meubles, puis du café que l'on cultive dans des îles près de la côte. Une fois il avait rapporté, pour lui et pour ses amis, toute une famille de singes. Le papa, la maman guenon et plusieurs petits.

Ce n'est pas que ce soit beau, les singes! mais c'est si souple, si agile, si adroit et si drôle! Les singes imitent tout ce qu'ils voient faire, et si l'on s'occupait beaucoup d'eux, on en ferait presque des domestiques. Il y en a qui apprennent à mettre le couvert, à balayer la chambre et même à laver la vaisselle! Il est rare qu'on leur fasse faire ces choses-là; mais on leur enseigne à battre le tambour, à brosser leur poil ou leur habit, à saluer en ôtant leur chapeau, à jouer à la balle, à passer dans les cerceaux et aussi à faire l'exercice militaire : « Portez... armes ! » Ils sont bien amusants !

Ce n'est pas en leur donnant des explications qu'on leur enseigne les choses. C'est en les faisant devant eux. Ils imitent. Ils imitent si bien que, lorsqu'un enfant veut faire tout ce qu'il voit faire aux autres, on dit que c'est un petit singe.

Quant à grimper aux arbres, excepté les écureuils, il n'y a rien de tel que les singes; et quant à se suspendre par la queue, ils n'ont pas leurs pareils, parce que leur queue est faite pour cela. En tout cas ils sont bien plus souvent juchés en l'air qu'accroupis par terre, et ils emploient bien leur temps sur les arbres fruitiers. C'est vous dire qu'ils se nourrissent surtout de fruits.

C'est pour distraire sa famille et ses amis, que M. Martin avait apporté en France toute une famille de singes; mais au bout de quelques mois il ne lui restait plus que Marquis; l'un n'avait pas pu supporter le froid; il était mort; l'autre avait pris — quoiqu'il fût bien soigné — une maladie de poitrine, et il était mort aussi; deux autres enfin étaient morts par leur faute, à cause d'une mauvaise habitude qu'ont les singes, celle de manger leur queue. Ils sentent bien pourtant que cela leur fait mal, mais comme ils n'ont pas de raison, ils continuent tout de même, et peu à peu ils deviennent malades et ils meurent.

Marquis était plus robuste que ses compagnons, et il n'avait pas de mauvaise habitude. C'est pourquoi M. Martin a pu le conserver; maintenant il est en train de faire l'exercice du cerceau et de gagner sa noisette.

**Questionnaire.** — Que faisait M. Martin quand il était jeune ? — Qu'est-ce qu'un marin ? — Qu'a-t-il rapporté de l'un de ses voyages ? — Combien en reste-t il ? — Que sont devenus les autres ? — De quoi sont-ils morts ? — Qu'est-ce que les singes peuvent faire ? — Comment apprennent-ils ? — Pourquoi dit-on que certains enfants sont comme des petits singes ? — Décrire le paysage. (C'est une allée d'arbres. Une allée d'arbres est formée par une rangée d'arbres placés de chaque côté de la route. M. Martin est assis sur un banc ; à côté de ce banc il y a un pot de fleurs ; le terrain est en pente.) — Décrire le singe (il y a là un exercice de comparaison à faire ; il y a de grandes analogies entre l'homme et le singe). — Qu'est-ce que M. Martin tient dans sa main gauche ? — Que va faire le singe ? — Où vivent les singes ? (Non seulement en Afrique, mais dans tous les pays très chauds.) — Il y en a de gros comme des rats ; il y en a de grands comme des hommes ; le singe est un mammifère (ne pas dire ce mot, mais raconter que la femelle nourrit ses petits de son lait), etc., etc.

Racontez ce qui est arrivé aux autres singes apportés par M. Martin.

## La vanité de tante Clotilde.

### SECTION DES PETITS (de 2 à 4 ans)

Sur cette image, on voit une dame qui est grosse comme une barrique. On a envie de rire en la voyant, parce que c'est elle qui s'est rendue laide en s'habillant pour se faire regarder. Voyez cette toilette! elle a mis une robe à volants ou à falbalas. Il y a trois volants et une garniture en guirlandes au-dessus de chacun. Sous sa robe elle a mis je ne sais quoi, pour faire bien gros. Elle a peut-être mis un jupon avec des cerceaux, à moins que ce ne soit une cage à poulets. Elle a un châle qui ne tient pas sur ses épaules et un grand chapeau avec des plumes et de la dentelle. Je ne sais pas comment elle peut marcher dans sa chambre sans tout renverser, les tables et les petits enfants.

Il y a à côté d'elle une mignonne petite fille; mais on ne lui voit ni la taille, ni les mains, ni les jambes, ni les pieds; tout est caché par la grosse dame. C'est bien dommage.

La grosse dame est venue faire une visite chez les deux autres dames, l'une habillée de gris, l'autre habillée de noir. Elles sont bien charmantes toutes les deux; elles ont de jolies robes bien faites, et elles sont bien coiffées. Elles ont un peu envie de rire de la toilette de la grosse dame qui est leur cousine; je crois même que, si elles n'étaient pas habituées à la voir, elles auraient de la peine à ne pas éclater.

Les trois dames et la petite fille sont dans un salon. On voit la porte du salon à droite. A gauche, on voit une partie de la glace et une partie du canapé.

**Questionnaire.** — Que voyez-vous d'abord? De quelle couleur est la robe de la grosse dame? — Comment est-elle garnie? — Qu'a-t-elle mis sous sa jupe pour faire si gros? — Porte-t-elle bien son châle? — De quelle couleur est son chapeau? — Qu'est-ce qu'il y a dessus? — Qu'est-ce qu'il y a au bord? — Est-elle jolie? — A-t-on envie de pleurer ou de rire en la voyant? — Pourquoi a-t-on envie de rire? — Pensez-vous qu'elle soit bien à l'aise pour se remuer dans les chambres? — Aimeriez-vous à vous trouver sur son chemin? — Pourquoi? — Pourquoi la grosse dame est-elle venue chez les deux autres dames? — Est-ce que les deux autres dames lui ressemblent? — Comment sont-elles habillées? — Montrez la petite fille. — Pourquoi ne la voit-on pas des pieds à la tête? — Est-ce qu'elle est ridicule comme la grosse dame? — Combien y a-t-il de personnes sur cette image? — Montrez celle qui vous plaît le plus et dites pourquoi elle vous plaît plus que les autres. — Où sont ces dames? — Montrez la porte, montrez la glace, montrez le canapé.

## SECTION DES GRANDS (de 4 à 6 ans)

Il y a des personnes qui aiment qu'on les regarde. Pour cela, elles s'habillent avec des robes de couleurs éclatantes; elles se coiffent de chapeaux garnis de rubans, de plumes, de fleurs; elles parlent haut, elles font du bruit en marchant. Ces personnes sont à plaindre, car elles sont ridicules. On les regarde, parce qu'on ne peut pas s'en empêcher, mais on les trouve bien laides, et c'est leur punition. C'est la vanité, le désir de rendre les autres envieux, qui les rend ridicules; mais on se garde bien de leur porter envie, quand on est simple et que l'on ne veut pas attirer l'attention.

Les trois dames que vous voyez sur cette image sont trois cousines; la grosse est une vaniteuse qui, au lieu de se rendre utile, passe ses journées à s'occuper de sa toilette. Et voyez quel goût elle a! on se dirait presque en

La vanité de tante Clotilde.

carnaval ! Comment peut-elle marcher ainsi affublée ?

Ses deux cousines, au contraire, sont des personnes de bon goût ; elles savent que les robes bien taillées, bien cousues et bien propres, sont plus jolies que tous les falbalas du monde ; elles savent aussi que rien n'est plus sot que de croire qu'on est jolie parce qu'on ressemble à une barrique.

La grosse dame est si occupée, pendant toute la journée, de ses toilettes et de l'effet qu'elle produit dans les rues, qu'elle fait à peine attention à sa gentille petite nièce Alice, qui a perdu sa maman et qui aurait bien besoin de tendresses et de gâteries.

Alice ne s'ennuie pas, ordinairement, parce qu'elle va à l'école, et qu'elle fait de bonnes parties de travail et de jeux avec ses petites camarades. Mais, le jeudi et le dimanche, quand elle a joué avec sa poupée et lu quelques histoires dans ses livres, la pauvrette ne sait plus que faire d'elle. Aussi, tout à l'heure, quand sa grosse tante est sortie de sa chambre, toute pomponnée et gonflée comme un ballon et qu'elle lui a dit : « Mets ton chapeau, tu viendras avec moi chez tante Louise et tante Cécile », le cœur d'Alice a tressailli de joie. « Je suis sûre, a-t-elle pensé, que mes bonnes tantes prieront tante Clotilde de me laisser passer le reste de la journée chez elles. »

C'est juste ce qui arrive ; tante Cécile — la dame qui a la robe noire, — dit à sa cousine : « Vous voulez bien, n'est-ce pas, nous laisser Alice ? Nous vous la ramènerons ce soir après le dîner. » Tante Clotilde ne demande pas mieux que de se débarrasser de la fillette, et elle dit « oui » d'un air tout content.

Quelle joie pour Alice ! Quand la robe volumineuse de tante Clotilde lui cédera la place, elle ira se jeter dans les bras de ses deux bonnes tantes qui la choient comme le faisait autrefois sa mère.

Je puis même vous annoncer une bonne nouvelle pour la petite Alice. Tante Louise et tante Cécile se sont entendues ensemble et elle doivent, un de ces jours, prier leur cousine de leur confier pour tout à fait la petite fille. Tante Clotilde acceptera sûrement, et désormais Alice sera heureuse presque autant que si sa maman n'était pas morte.

**Questionnaire.** — Dites quelque chose de la grosse dame. Dites quelque chose de la petite fille; dites quelque chose de chacune de ces dames. — Dites-moi ce que font les personnes vaniteuses. — Montrez-moi sur cette image une personne vaniteuse. — Décrivez sa toilette et dites-moi ce que vous en pensez. — Comment s'appelle cette grosse dame? et la petite fille qui est à moitié cachée par les volants ou les falbalas? — Alice est-elle la fille de la grosse dame? — Où est sa mère? — Qui élève la petite Alice? — Est-elle bien heureuse avec tante Clotilde? — Cependant tante Clotilde lui donne à manger, elle lui donne aussi des vêtements, elle ne la rudoie pas; qu'est-ce qui lui manque donc? Quels sont les jours qui lui paraissent les plus longs? — Pourquoi? — Est-elle contente aujourd'hui? — Pourquoi est-elle contente? — Qu'a-t-elle pensé quand tante Clotilde lui a dit de mettre son chapeau? — Est-ce que la fillette a deviné juste? — Pensez-vous qu'elle restera toujours chez tante Clotilde? — Racontez-moi ce qui va lui arriver de bien heureux.

J'engage les directrices à insister sur cette question de la simplicité dans les vêtements, sur le bon goût et le mauvais goût, sur l'harmonie des couleurs. Mais la leçon ne peut pas être abstraite; il faut qu'elle tombe sous les sens. *Des images sont indispensables.* On peut aussi prendre pour exemple telle femme connue de tous les enfants et notoirement riche, dont les costumes sont toujours d'une extrême simplicité. Cette leçon de goût est aussi une leçon de morale.

## Les amis de M. Gilbert.

### SECTION DES PETITS (de 2 à 4 ans)

Voici un vieux monsieur qui a la barbe blanche comme votre grand-papa. Il s'appuie sur sa canne parce qu'il est fatigué. Il aime beaucoup les petits enfants, comme votre grand-papa. Il y a aussi des garçons sur cette image. Il y en a un, deux, trois, quatre. Il y en a un qui parle au vieux monsieur, et le vieux monsieur écoute ce qu'il lui dit.

Il dit au vieux monsieur : « Nous allons ramasser le foin dans le pré du père Benoît, et nous le rentrerons dans sa grange. Le père Benoît ne peut pas rentrer son foin, parce qu'il est malade. »

Les quatre garçons sont polis ; ils ont ôté leurs chapeau pour parler au vieux monsieur.

**Questionnaire.** — Montrez le vieux monsieur. — Sur quoi s'appuie-t-il ? — Pourquoi s'appuie-t-il sur sa canne ? — Montrez les garçons ; comptez-les. — Montrez celui qui parle au vieux monsieur. — Pourquoi sont-ils polis ? — Il faudra faire comme eux et ôter votre chapeau quand vous parlez aux grandes personnes.

---

### SECTION DES GRANDS (de 4 à 6 ans)

« Que voyez-vous, mes enfants ? — Un homme. — Et puis ? — Un,... deux,... trois,... quatre garçons. — C'est très bien. — Maintenant réfléchissez : l'homme vous fait-

Les amis de M. Gilbert.

il penser à votre grand frère, à votre papa ou à votre grand-papa? (Laissez le temps de réfléchir, je vous en prie.) — A notre grand-papa. — Et pourquoi? (Cela devient de plus en plus difficile; les enfants auront peut-être de la peine à formuler leur pensée; guidez-les *doucement*, appelez l'attention sur la barbe et les cheveux, qui sont blancs; montrez les deux mains qui s'appuient lourdement sur la canne; faites remarquer l'air de fatigue répandu sur toute la personne. Évidemment c'est tout cela qui a dicté la réponse des enfants. Alors vous concluez): En effet, cet homme ressemble plutôt à votre grand-papa, car il est vieux. C'est *un vieillard*.

« Ce vieillard s'appelle M. Gilbert.

« Dans le village, tout le monde aime M. Gilbert, parce qu'il cherche toujours à faire plaisir aux autres, (cela s'appelle être *bon*), et puis parce qu'il est toujours de bonne humeur. On ne s'ennuie jamais avec lui. C'est l'ami des enfants. Ils le suivent quand il part pour la promenade, et ils s'arrêtent autour de lui quand il s'asseoit. C'est que, voyez-vous, M. Gilbert leur raconte de jolies histoires, et puis il les conduit dans son verger pour leur faire manger des fraises et des cerises au printemps; des abricots, des prunes et des pêches en été; du raisin en automne. — Et l'hiver? — L'hiver, il n'y a plus de fruits dans le verger, mais il y a toujours des histoires dans la tête de M. Gilbert, et il y a bien souvent des châtaignes sous la cendre dans sa cuisine... encore pour ses petits amis.

« Ses amis, ce sont les braves enfants, bien entendu. Ceux qui sont querelleurs, paresseux, malpropres, ne viennent pas auprès de lui, ils sont trop honteux.

« Les quatre garçons que vous voyez là sont donc de bons enfants; cela se voit tout seul. Ils ont tous les quatre ôté leur chapeau ou leur bonnet pour saluer leur vieil ami — on leur a enseigné à l'école qu'il faut se découvrir la tête devant les personnes âgées. — En se découvrant, ils ont dit : — « Bonjour, M. Gilbert. — Bonjour, mes enfants; vous êtes toujours bien braves? — Oui, M. Gilbert. — Vous allez à l'école? — Non, M. Gilbert, c'est aujourd'hui jeudi. — C'est vrai! je perds la mémoire en devenant vieux. Alors, si vous n'allez pas à l'école, vous venez me demander de vous raconter une histoire? — Non, M. Gilbert. — Est-ce que, maintenant, vous préférez celles des livres? — Non M. Gilbert; nous aimons bien les histoires de nos livres, mais nous aimons bien les vôtres aussi... Cependant... — Cependant... vous voudriez bien aujourd'hui profiter de votre congé pour faire un tour de verger avec moi. — Non, M. Gilbert. — Quoi! vous n'aimez plus les cerises? — Oh si! M. Gilbert, mais... — Mais quoi? — Voilà! il y a le père Benoît qui est malade... — Je le sais bien; je suis allé après mon dîner lui tenir compagnie et je crois qu'il repose maintenant; n'allez pas l'éveiller, il est encore bien faible. — Non, M. Gilbert, nous n'allons pas chez lui; nous allons à son pré. — Il est fauché depuis avant-hier. — Oui, M. Gilbert, et même le foin est sec; alors... — Alors... quoi? — Alors... nous allons tous les quatre le charger sur un brancard et nous le rentrerons dans la grange du père Benoît. — Il vous faudra faire bien des voyages! — Oui, M. Gilbert, mais nous avons jusqu'à ce soir; si la pluie tombait demain, tout serait gâté. — Bravo! mes enfants. Venez donc souper avec moi; j'avertirai vos parents. — Merci, M. Gilbert; nous viendrons. »

**Questionnaire.** — Que voyez-vous d'abord sur cette image? — A quoi avez-vous reconnu que M. Gilbert est un vieillard? — A quoi avez-vous reconnu que les enfants sont de bons garçons? — Pourquoi aime-t-on M. Gilbert dans le village? — Pourquoi les enfants aiment-ils M. Gilbert? — Est-ce que *tous* les enfants sont les amis de M. Gilbert? — Quels sont ceux qui ne sont pas ses amis? — Est-ce que c'est pendant l'hiver que M. Gilbert conduit ses petits amis dans le verger? — Quand les y conduit-il? — Pourquoi? — Dites quelles sont les gâteries qu'il y a chez M. Gilbert pendant l'hiver. — Aujourd'hui, est-ce que les enfants viennent trouver M. Gilbert pour qu'il leur raconte des histoires? — Où vont-ils? — Racontez pourquoi ils vont rentrer le foin du père Benoît. — Est-ce que l'on n'aurait pas pu attendre au lendemain pour rentrer le foin? — (Oui, mais s'il avait plu, la récolte aurait été gâtée.) — Qu'est-ce que M. Gilbert a dit aux enfants? — Est-ce que leurs parents seront inquiets à l'heure du souper? — Pourquoi ne seront-ils pas inquiets? — Sur quoi M. Gilbert est-il assis? — Qu'est-ce qui le préserve du soleil? — Est-il bien loin du village? — Voyez-vous le village? — Montrez le clocher de l'église. — Maintenant un enfant va me parler de M. Gilbert. — Un autre me parlera des enfants. — Un troisième me parlera du père Benoît. — Un quatrième me racontera ce que M. Gilbert a dit aux enfants et ce qu'ils ont répondu. — Pour terminer prenez vos ardoises et tâchez de dessiner le clocher de l'église et l'arbre qui donne de l'ombre à M. Gilbert.

## Le petit berger studieux.

### SECTION DES PETITS (*de 2 à 4 ans*)

Voici un joli tableau. Il représente la campagne, et c'est toujours beau, la campagne. Celle-ci est tout à fait belle avec ses grands arbres. On en voit à droite, on en voit à gauche. Au fond, c'est la montagne, il faut monter pour arriver en haut. Dans un des creux de la montagne on a bâti une belle maison, puis une ferme, puis une grange pour serrer le foin et le blé. La maison, la ferme et la grange sont au monsieur que vous voyez là, c'est lui qui les a fait bâtir. Il habite la maison avec sa femme et ses enfants qui ne sont pas encore levés. Les moutons sont aussi à lui; le petit garçon qui les conduit dans la prairie et qui les garde dans la journée, le *berger*, s'appelle Martial, il habite la ferme avec son papa et sa maman. Son papa et sa maman cultivent la terre, soignent les animaux et vont vendre à la ville les fruits, les œufs et les légumes du monsieur. Martial ne fait pas bien son service en ce moment; il s'est endormi sur l'herbe; il a un livre à côté de lui. C'est peut-être parce qu'il ne sait pas très bien lire qu'il s'est endormi. C'est peut-être aussi parce qu'il se lève de bon matin, presque en même temps que le soleil et qu'il est fatigué.

Vous voyez bien tout? le chapeau à larges bords du monsieur, sa canne, son pantalon à raies, son gilet blanc, son paletot noir. Vous voyez aussi que Martial n'a qu'un pantalon, une chemise et une ceinture autour du corps; il a des cheveux noirs bien peignés. Comme il est bien là dans l'herbe fleurie !

Croyez-vous que le monsieur va le gronder? Non! C'est un bon papa, il va éveiller tout doucement Martial; et qui sait? peut-être qu'il lui lira une des jolies histoires de son livre. On peut lire en gardant les troupeaux, parce que l'on est aidé par un chien; mais il faut de temps en temps jeter un coup d'œil sur les moutons, car il y en a qui ont de drôles d'idées dans la tête; ils ne se trouvent jamais bien où ils sont; ils veulent aller plus loin, toujours plus loin, et ils se perdent, comme les petits enfants qui s'éloignent de leur maman ou de leurs frères aînés.

---

### SECTION DES GRANDS (de 4 à 6 ans)

Le petit berger Martial s'est levé de bon matin, et il a conduit ses moutons dans la prairie, pour les faire paître et aussi pour qu'ils jouissent du bon air et du soleil. Les animaux en ont besoin comme les hommes.

Martial est un brave petit garçon de douze ans qui n'a pas pu aller longtemps en classe; ses parents ont eu besoin de lui tout de suite — parce qu'il est l'aîné. — Ah! il faut vous dire qu'il y a quelques années, les parents n'étaient pas obligés d'envoyer leurs enfants à l'école, c'est pourquoi il y a tant d'ignorants, tant de pauvres gens qui ne peuvent pas lire les jolies histoires des livres, ni les lettres de leurs amis et qui ne peuvent pas leur écrire.

Martial est un ignorant, et il en est désolé. Mais c'est un enfant courageux. Quand il mène paître ses moutons, il emporte le livre qu'il avait à l'école, et il essaie de se rappeler ce que lui disait l'instituteur.

Mais cela ne va pas vite, et quelquefois le pauvre Mar-

Le petit berger studieux.

tial est fatigué et il s'endort à côté de son livre.

C'est ce qui est arrivé aujourd'hui, juste au moment où M. Robin, le propriétaire de la maison, de la ferme, de la prairie et des moutons, faisait sa promenade du matin.

— « Quel brave enfant! dit M. Robin en apercevant le livre. Il faut que je lui enseigne à lire. »

M. Robin a fait ce qu'il s'était proposé, et je sais que maintenant Martial lit aussi bien que vous et moi. Vous croyez peut-être que la lecture l'a dégoûté d'être un petit paysan? pas du tout! A mesure qu'il s'instruit, il aime davantage la campagne. Autrefois, il regardait à peine les grands arbres, ou bien, s'il y faisait attention, c'était pour grimper aux branches, afin de dénicher les oiseaux. Maintenant il les regarde avec admiration et il ne touche pas aux nids, d'abord parce qu'il est devenu bon pour les animaux, ensuite parce qu'il sait que les oiseaux sont très utiles dans les campagnes. Il a appris aussi à mieux soigner ses moutons, et il lit à son papa des choses qui le rendent un meilleur fermier. Ah! certes, Martial est bien content d'être un paysan, et il engage tous les enfants qui vont à l'école du village, à rester toujours comme lui de bons paysans aimant les arbres, aimant les fleurs, aimant les animaux, aimant la terre qui les fait vivre.

**Observations pour les maîtresses.** — Parmi les enfants qui fréquentent les écoles maternelles des grandes villes, un grand nombre sont absolument étrangers aux choses de la campagne. Il faut se garder de les questionner comme s'ils étaient familiarisés avec elles. Une initiation préalable est absolument nécessaire. Pour les petits, il faudrait des collections d'animaux — d'animaux *bien faits*, soit en caoutchouc, malheureusement ils sont un peu chers — soit en biscuit, comme on en trouve en quantité dans les jardins d'enfants de Zurich. L'enfant a une intuition particulière pour les animaux; ce qui est en vie le frappe, l'intéresse, l'attire, et l'initiation ne présente aucune difficulté. Quant à l'idée abstraite de campagne, c'est toute autre chose, et il ne faudra pas s'étonner si les tout petits ne l'accueillent que très lentement.

Avec les plus grands même, il faudra marcher avec prudence. Ont-ils fait quelques promenades? — Où sont-ils allés? — Y avait-il des arbres, des jardins, des prairies, des champs, des vignobles et très peu de maisons éloignées les unes des autres? — Cela ressemblait-il un peu à ce que l'on voit sur cette image? — Oui! Eh bien, c'était la campagne. On fera faire des exercices qui mettront en opposition les travaux, les amusements, les costumes de la campagne et ceux de la ville. Ces exercices devront être précis et très souvent renouvelés. Alors seulement, les images représentant des scènes de la campagne seront intelligibles aux petits citadins.

L'exercice contraire devra être fait pour initier les petits campagnards aux choses de la ville. Nous ne nous doutons pas à quel point il est urgent dans la plupart des cas « d'éclairer notre lanterne ».

La clarté une fois produite, on pourra questionner:

Nous demanderons aux petits de montrer les moutons, les maisons, les arbres, Martial, M. Robin. Que font les moutons? — Que fait Martial? — Est-ce que M. Robin le grondera pour s'être endormi? — Pourquoi ne le grondera-t-il pas?

Nous demanderons aux grands si cette image représente la ville ou la campagne. — A quoi avez-vous reconnu que c'était la campagne? — Qui garde les moutons de M. Robin? — Qu'est-ce qu'un berger? — Martial garde-t-il bien les moutons en ce moment? — Pourquoi s'est-il endormi? — Que s'est dit M. Robin en voyant Martial dormir à côté de son livre? — Pourquoi Martial ne savait-il pas lire à douze ans? — Sait-il maintenant? — Qui le lui a enseigné? — Est-ce qu'il ne veut plus être berger maintenant qu'il sait lire? — A quoi cela lui sert-il de savoir lire?

Faites décrire une partie de l'image à quelques enfants. — Faites-la décrire tout entière à un seul. — Faites raconter à un enfant tout ce qu'il sait de Martial.

## Maurice le rageur.

### SECTION DES PETITS (de 2 à 4 ans)

Voici Maurice le rageur; il n'est pas beau. Je crois l'entendre crier, et je n'ai pas envie de le prendre dans mes bras pour le consoler, parce que je sais qu'il n'a pas de chagrin. Il est en colère.

Le petit sot voudrait faire du mal à tout ce qui lui tombe sous la main parce que sa maman ne peut pas lui faire manger sa soupe tout de suite; il va lancer sur le plancher son coussin et sa cuillère. Et voyez, que de malheurs autour de lui! que de dégâts! La chaise est par terre, la marmite à soupe est brisée, la bouteille est renversée et le vin se répand.

La maman de Maurice a entendu le bruit de la chaise qui tombait, de la marmite qui se cassait, du vin qui coulait; elle a entendu aussi les cris du petit enfant et elle est accourue bien effrayée. Voyez-la entr'ouvrant la porte. Que va-t-elle faire? Maurice mériterait bien une petite correction, mais sa maman pense qu'il vaut mieux le laisser s'apercevoir lui-même de sa sottise. Elle va simplement redresser la bouteille pour sauver le vin qui est encore dedans; elle emportera les débris de la marmite pour ne pas que Maurice se coupe en les prenant dans ses mains, et puis elle ne fera pas attention à lui du tout, du tout.

Quand il sera redevenu gentil, il ira prier sa maman de le prendre sur ses genoux et de l'embrasser, et puis, il

Maurice le rageur.

lui promettra de ne plus se mettre en colère, jamais, jamais.

Ce n'est pas la première fois que Maurice fera cette promesse; aussi sa maman n'y croira-t-elle qu'un peu, un tout petit peu. C'est que ce petit monsieur n'a pas de patience; quand il veut quelque chose, il l'a veut *tout de suite*. Cependant vous savez bien qu'il faut le temps pour tout.

**Questionnaire.** — Dites pourquoi Maurice est si laid. (Parce qu'il est en colère.) — Dites ce qu'il fait. (Il veut lancer sur le plancher son coussin et sa cuillère.) — Qu'a-t-il fait à la chaise, à la marmite, à la bouteille? — Montrez les morceaux de la marmite. — Pourra-t-on faire de la soupe dans cette marmite? — Montrez le vin qui se répand. — Pourra-t-on le boire? (Il sera *perdu*.) — Est-ce que la maman va punir Maurice? — Le prendra-t-elle dans ses bras? — Qu'est-ce qu'elle va faire? — Que fera-t-il quand il sera redevenu gentil? — Comment appelle-t-on les petits enfants qui veulent être servis tout de suite? — Racontez pourquoi Maurice s'est mis en colère.

## SECTION DES GRANDS (de 4 à 6 ans)

Ce matin, au moment du déjeuner, la maman de Maurice a mis le couvert, puis elle a bien installé son bébé sur la chaise avec un coussin.

Comme elle allait lui servir sa soupe, on a frappé à la porte d'entrée. Alors la maman a reculé l'assiette hors de la portée de Maurice, pour qu'il ne se brûle pas, et elle lui a dit : « Attends-moi, mon mignon. »

Mais attendre n'est pas l'affaire du petit garçon, il a voulu atteindre l'assiette, il a ébranlé la table, la chaise s'est renversée, vous voyez tout le dégât! — l'enfant est tombé et, une fois par terre, il est devenu furieux.

Maurice est laid et ridicule.

**Observations pour les maîtresses.** — Maurice se met en rage parce qu'il ne veut pas attendre; d'autres causes rendent d'autres enfants rageurs (en énumérer quelques-unes); les hommes ne sont pas exempts de ce défaut — surtout lorsqu'ils s'y sont laissés aller dès leur enfance.

La patience est une *force*, il faut que les enfants en soient convaincus de bonne heure. Mille incidents de la vie de l'école et beaucoup d'anecdotes, de fables en vers ou en prose vous aideront à en faire la preuve.

Si un enfant s'est vengé — en le cassant — d'un lacet de bottine qu'il n'a pas réussi à nouer, ou s'il a froissé de dépit un morceau de papier qu'il n'a su ni plier ni découper, racontez en prose, et en simplifiant autant que possible l'expression, *le Charretier embourbé* de La Fontaine (livre VI, fable XVIII), ou *Phébus et Borée* (livre VI, fable III). Si vous surprenez un de vos petits élèves s'exaspérant contre un animal domestique auquel il demande une chose impossible, ou contre un objet inerte qui ne répond pas à sa volonté, racontez-lui et faites-lui apprendre *l'Enfant et le Miroir* (Florian). (Quand je dis racontez-*lui*, faites-*lui* apprendre, j'emploie le singulier à la place du pluriel ; la leçon doit être commune à tous.)

En aucun cas ne traitez rudement le rageur. La douceur inaltérable et la persévérance sans faiblesse sont les seuls remèdes.

Cette image — comme toutes les autres — pourra donner lieu à plusieurs entretiens.

La chaise est par terre, on ne voit pas du tout le *dossier* (la partie sur laquelle on appuie le dos), mais on voit trois pieds (le quatrième est dans l'ombre) et le siège en paille.

Le coussin est un sac en étoffe de fil ou de coton (toile, coutil ou calicot) rempli de plumes ; de plumes d'oies, sans doute, ou peut-être de canards ; les plumes du ventre.

La cuiller qui sert à manger la soupe, le café au lait, le chocolat et en général tous les aliments semi-liquides, est en bois, ou en fer, ou en argent. Maurice tient la cuiller de la main gauche ; j'espère qu'il ne la tient pas ainsi pour manger sa soupe. On tient sa cuiller avec la main droite et sa fourchette de la main gauche, quand on est très adroit.

La marmite est en terre, une terre que l'on a fait cuire après lui avoir donné la forme que l'on voulait. Dans la marmite on fait cuire toutes les soupes : les soupes maigres, celles où il n'y a pas de viande, et les soupes grasses, celles où il y en a. Il y a aussi des marmites en fer-blanc, en fonte, en cuivre. Quand les marmites sont en cuivre, il ne faut pas laisser refroidir la soupe dedans. Ces notions données en passant, sont tout ce qu'il faut pour les petits enfants.

Maurice est si furieux qu'il a détaché son bonnet ; il va le perdre. Autrefois on mettait toujours des bonnets aux petits enfants ; mais aujourd'hui les mamans qui ont été à l'école savent qu'il est préférable de les laisser nu-tête. Ils se portent mieux ainsi et ils sont bien plus jolis.

**Questionnaire.** — Comment la maman de Maurice a-t-elle installé son petit garçon pour le faire déjeuner? — Dites pourquoi elle ne l'a pas fait manger tout de suite. — Si Maurice avait été raisonnable, qu'aurait-il fait? (Il aurait attendu le retour de sa mère.) — Comment appelle-t-on les enfants raisonnables qui savent attendre? (Ils sont patients *ou ils ont de la patience.*) — Comment appelle-t-on ceux qui ne veulent pas attendre? (Ils sont impatients ou ils n'ont pas de patience.) — Qu'est-ce donc qu'avoir de la patience? — Est-ce que Maurice est aussi laid que cela quand il est sage, patient, aimable? — Savez-vous ce que l'on dit des personnes qui se rendent laides et qui donnent envie de rire? — Faire parler successivement chaque enfant de l'un des objets représentés sur l'image. — Faire parler un enfant de la maman, et un autre de Maurice. — Faire raconter la petite scène par un troisième enfant.

## Jacques et Minet.

### SECTION DES PETITS (de 2 à 4 ans)

*L'enfant.* — Je vois un petit garçon et puis un chat. — *La maîtresse :* Le petit garçon s'appelle Jacques et le chat s'appelle Minet. Que voyez-vous encore? — Une barrique. — Et encore? — Un arrosoir qui est tombé. — Et encore?... Voyons... Sur quoi est monté le petit Jacques? — Sur un gros morceau de bois. — Oui, sur un *tronc* d'arbre. Que voyez-vous encore, par terre? vous voyez de l'herbe, et puis, à gauche? — Un panier. — Il est tombé, aussi; la serviette qui le recouvrait est enlevée. Voyez ce qu'il y a dans le panier. — Il y a des œufs.

Le petit Jacques ou Jacquot voudrait se balancer sur le tronc d'arbre, et il espère que M. Minet voudra bien apprendre à jouer à ce jeu. Moi, je crois que c'est bien difficile pour Minet.

Minet est un beau chat; voyez ses longs poils, ses belles moustaches, ses yeux clairs, ses oreilles bien ouvertes. Il regarde Jacquot et il a l'air de se demander ce que veut faire le petit garçon.

Jacquot est mignon à croquer. Sa maman l'a bien lavé, ce matin; elle lui a mis des bas, des souliers bien attachés avec des rosettes de ruban (montrez-moi vos bas et vos souliers); elle lui a mis aussi un pantalon à raies, une veste blanche, un chapeau à larges bords garni d'un velours noir, et comme elle craignait qu'il n'eût froid, elle lui a mis un foulard autour du cou. Espérons qu'il ne se salira pas trop.

**Questionnaire.** — Montrez le petit enfant; montrez le chat. — Comment s'appelle l'enfant? — Et vous, quel est votre nom? — Y a-t-il des enfants qui s'appellent Jacques? — Comment s'appelle le chat? — Montrez les pattes, les moustaches, les yeux, les oreilles du chat. — Avez-vous des chats chez vous? — Comment s'appelle votre chat? — Montrez le pantalon de Jacques. — Montrez le vôtre. — Est-il aussi à raies? — Montrez le chapeau de Jacques. — Avez-vous un chapeau? — Où est votre chapeau? Pourquoi Jacques est-il monté sur le tronc d'arbre? etc.

---

## SECTION DES GRANDS (de 4 à 6 ans)

En regardant cette image, j'ai deviné que le gentil petit garçon s'appelait Jacques ou Jean ou Joseph ou Jules. Savez-vous pourquoi? C'est à cause du J qu'il y a dans le bas à gauche. Ce J, ai-je pensé, c'est la première lettre de son nom, l'*initiale*. Je ne m'étais pas trompée; on m'a dit, depuis, que l'enfant s'appelle Jacques.

La maman du petit Jacques lui dit un matin : « Veux-tu me faire une commission chez grand'mère, mon Jacquot? »

Les yeux de Jacques ont brillé comme deux étoiles. Jacques aime beaucoup à faire les commissions, parce qu'il aime à se rendre utile, et il aime surtout à faire des commissions chez sa grand'mère, parce que la bonne vieille a toujours quelque friandise en réserve dans son buffet pour régaler son cher petit gâté. « Tu lui porteras un panier d'œufs frais, continua la maman de Jacques. Je crois que grand'mère veut nous faire des crêpes dimanche. Seulement, tu sais, les œufs, ça se casse. Il faudra aller droit ton chemin et prendre garde de tomber. Ne t'arrête pas pour jouer : ce sera pour le retour. »

Et, tout en parlant, la maman de Jacques lui faisait sa toilette des dimanches, parce que grand'mère aime que

Jacques et Minet.

son petit-fils soit aussi joli que possible. Enfin, elle lui mit au bras le panier rempli d'œufs, recouvert d'une serviette blanche, et Jacquot partit droit et fier comme un petit homme.

Tout alla bien pendant la plus grande partie du chemin. Mais voilà que, tout près d'une ferme voisine de chez sa grand'mère, Jacquot aperçoit un de ses meilleurs amis, Minet, en train de se chauffer au soleil. Minet, c'est le chat de la grand'maman de Jacques.

Il a choisi un drôle de siège, Minet. Il s'est assi presque au bout d'un tronc d'arbre placé en travers sur une barrique. Je crois même qu'il aurait fait la culbute depuis longtemps si la barrique n'était appuyée contre l'angle du mur.

« Tiens! une balançoire, » se dit Jacquot. Et vite il dépose par terre son panier; il retrousse un peu les manches de sa veste; il met le pied sur un arrosoir renversé, et le voilà à califourchon sur le tronc d'arbre.

Mon ami Jacquot, il vous arrivera malheur!... Oh! pas tout de suite, mais quand vous n'appuierez plus votre pied sur l'arrosoir.

**Questionnaire.** — Un des enfants pourra décrire Jacques; un autre, le chat; un troisième dira pourquoi la maman du petit Jacques lui avait mis ses habits du dimanche; un quatrième reproduira les recommandations de la maman; un cinquième énumérera les actions faites par l'enfant depuis qu'il a vu la balançoire jusqu'à ce qu'il ait été perché sur le tronc d'arbre. Puis on demandera ce qui fait deviner que l'enfant s'appelle Jacques, Jules, Jean ou Joseph, et enfin, pourquoi Jacquot tombera quand il n'aura plus le pied sur l'arrosoir? Sans *aucune* recherche scientifique, les enfants comprendront que le côté le plus lourd emporte le côté le plus léger; ils l'ont vu dans les balances. Rien de plus facile, d'ailleurs, que d'organiser momentanément une balançoire.

## Encore Jacques et Minet.

**SECTION DES PETITS** (*de 2 à 4 ans*)

Que voyez-vous maintenant? Jacquot a fait « poum! » par terre. Et oui! il a voulu faire comme un grand garçon, et il n'était ni assez intelligent ni assez adroit. Le voilà par terre; son chapeau est enlevé; peut-être

Encore Jacques et Minet.

que le vent l'emportera bien loin! le panier aux œufs a été renversé aussi, et les œufs sont tombés; il y en a plusieurs de cassés. Minet a eu peur et il a sauté sur le mur. Voyez-le qui s'échappe avec sa queue noire toute droite parmi les branches.

**Questionnaire.** — Montrez-moi la barrique. — Comptez les cercles de la barrique. — Si les cercles n'étaient pas autour de la barrique, à quoi pourraient-ils servir? — Avez-vous joué au cerceau? — Avec quoi poussiez-vous votre cerceau? — Montrez le panier. — Comment est-il? — Montrez les œufs cassés. — Où sont-ils? — Montrez les œufs qui sont restés dans le panier. — Montrez les cheveux de Jacques. — A quoi voulait-il jouer? — Avec qui? — Montrez les fleurs qui sont par terre et celles qui sont sur le mur. — Où est Minet? — Pourquoi s'échappe-t-il?

## SECTION DES GRANDS (de 4 à 6 ans)

Pendant tout le temps que Jacquot a appuyé son pied sur l'arrosoir, tout a été très bien. Mais il voulait se balancer, notre petit ami, et l'on ne se balance pas avec les pieds appuyés. « Tiens-toi bien, a-t-il dit à Minet, tu vas voir comme nous nous amuserons! Un, deux, trois! Jacquot lâche pied, et, comme il pèse plus que Minet, quoique Minet soit un beau chat, son poids entraîne la planche, et... patatras!... voilà le pauvre Jacquot par terre. Son chapeau s'envole et j'ai bien peur pour sa culotte. Quant à Minet, il abandonne son petit ami. C'est un égoïste.

Et les œufs? Beaucoup sont brisés. Si les fleurs aiment les omelettes, elles pourront se régaler.

**Questionnaire.** — Pourquoi Jacquot a-t-il retiré son pied qui s'appuyait sur l'arrosoir? — Qu'a-t-il dit à Minet? — Qu'est-il arrivé à Jacquot? — Qu'est-il arrivé aux œufs? — Savez-vous comment on fait une omelette? — Minet est-il resté auprès du petit garçon pour le consoler? — Racontez tout l'accident arrivé à Jacquot. — Dites pourquoi cet accident est arrivé. — Doit-on abandonner ses amis quand ils sont malheureux? — Dites ce qu'a été Minet, qui s'est enfui en laissant Jacquot tout seul.

## Jacques tout seul.

### SECTION DES PETITS (de 2 à 4 ans)

Encore Jacques! Vous le reconnaissez à son costume, à ses cheveux. Pourquoi ne voyez-vous pas sa figure? Parce qu'il la cache avec son bras. Faites tous comme Jacquot. Pourquoi cache-t-il sa figure? Parce qu'il pleure. Il s'est fait mal en tombant. Il s'appuie contre la barrique. Que voyez-vous à ses pieds? Des œufs cassés.

Et au-dessous? Une maison. C'est la maison de la grand'maman de Jacques. Montrez-moi les fenêtres. Combien y en a-t-il? Comptez-les. Voyez-vous le tuyau de la cheminée? Qu'est-ce qui sort du tuyau? Qu'est-ce qu'il y a de bien grand près de la maison? Il y a des arbres. Voyez maintenant devant la maison? Il y a de l'eau et des canards dans l'eau. Et près de l'eau, à droite, qu'y a-t-il? — Un coq, des poules et des poussins. Comptez les canards. Comptez les poussins. Y a-t-il des canards chez vous? Combien?

---

### SECTION DES GRANDS (de 4 à 6 ans)

Le petit Jacques a dû se faire mal dans sa chute, mais je crois qu'il a fait mal surtout à son pantalon : au genou, et peut-être ailleurs. Il pleure parce qu'il s'est fait mal et qu'il a eu peur; et il se cache parce qu'il a honte d'avoir été si sot. Il aurait dû comprendre qu'il était plus lourd que Minet. Et puis il n'a pas suivi les bons conseils de sa maman et il a été bien puni. D'autant plus, que les

Jacques tout seul.

œufs sont cassés et que grand'maman ne pourra pas lui faire de crêpes.

Je pense qu'il va se remettre en route. Ce n'est pas bien loin chez sa grand'mère; voici la maison entourée d'arbres, au pied de la colline; la mare où nagent les canards; le coq, les poules, les poussins auxquels Jacquot aime tant à donner à manger.

Grand'mère consolera son Jacquot. Je suis sûre qu'elle le reconduira chez sa maman; ils promettront tous les deux que Jacques deviendra raisonnable, et la maman fera semblant de les croire.

**Questionnaire.** — Jacques s'est-il fait mal? — Pourquoi pleure-t-il? — Pourquoi cache-t-il sa figure? — Est-il bien puni de sa désobéissance et de sa sottise? — Dites toutes ses punitions. — Montrez la maison de la grand'mère, les collines, les arbres, la mare, les animaux. — Que fera la grand'mère? — Et la maman?

Il faudrait maintenant faire reproduire toute l'histoire.

## L'œuf de la poule noire.

### SECTION DES PETITS (*de 2 à 4 ans*)

L'expérience me rend circonspecte et j'hésite de plus en plus lorsqu'il s'agit de commencer la *lecture* d'une image. Qu'est-ce qui va attirer le regard des enfants? J'en connais beaucoup qui tiennent à leur chapeau autant qu'à leur tête (il faut user d'autorité ou de diplomatie pour le leur enlever), peut-être ceux-là verront-ils d'abord le chapeau qui gît aux pieds de la petite fille.

Cependant comme les petits sont surtout intéressés par les animaux, parce qu'ils sont *en vie*, il se pourrait bien que la poule noire eût le privilège d'être remarquée en premier lieu.

Qu'importe, d'ailleurs, pourvu que l'image soit détaillée et comprise?

Commencez donc par la poule noire. Elle a l'air très fâché. Elle gronde Juliette. Elle lui dit... Devinez ce qu'elle lui dit. Vous ne trouvez pas? Mais regardez donc ce que Juliette tient dans la main. — C'est un œuf.

Savez-vous à qui il était, cet œuf? Il était à la poule noire. C'est elle qui l'a pondu. Elle l'avait caché dans le foin. Comme elle était très contente d'avoir pondu son œuf et aussi de l'avoir caché, elle a chanté; co, co, co, cocorico! Et Juliette a deviné qu'il y avait un œuf par là. Elle l'a cherché; elle l'a trouvé. Et maintenant l'œuf ne sera plus pour la poule noire. Juliette le mangera, ou sa maman le vendra. C'est pour cela que la poule noire gronde Juliette. Elle lui dit : « Méchante, tu m'as pris mon œuf. »

Le papa et la maman de Juliette ont coupé l'herbe de la prairie, et ils en font un grand tas. Cette herbe est pour le cheval de la ferme, pour les bœufs, pour les moutons ; ils la mangeront.

**Questionnaire.** — Montrez la poule noire. — A-t-elle l'air content ou fâché ? — Pourquoi est-elle fâchée ? — Qu'est-ce qu'elle dit à Juliette ? — Où la poule avait-elle caché son œuf ? — Qu'a-t-elle fait quand elle a eu caché son œuf ? — Pourquoi a-t-elle chanté ? — Qu'est-ce que Juliette a fait en entendant chanter la poule ? — Que font le papa et la maman de Juliette ? — Qui mangera l'herbe ? — Montrez le tas de foin, la maman, le papa, Juliette, la poule, l'œuf.

---

### SECTION DES GRANDS (de 4 à 6 ans)

Montrez-moi d'abord tout ce que vous voyez, nous expliquerons ensuite.

« Nous voyons une petite fille assise par terre ; elle tient un œuf dans la main. Il y a une poule noire à côté d'elle. Nous voyons un homme en blouse avec un bonnet sur la tête, il met du foin sur un grand tas (sur une meule) avec une fourche. Nous voyons une femme qui est courbée ; elle ramasse du foin. A côté de la petite fille, il y a un rateau appuyée sur la meule, et par terre il y a un panier, une casserole, un chapeau. »

Vous avez très bien vu ; maintenant il faut expliquer ce que fait la poule. La poule réclame ce qu'on lui a pris, elle voudrait son œuf que la petite fille tient dans sa main.

Son pauvre œuf ! Avec ses pattes elle avait gratté dans le foin une petite cachette, elle l'y avait déposé tout doucement, l'avait bien recouvert, et, toute contente, s'était mise à chanter co, co, co, cocorico.

« En voilà un que l'on ne me prendra pas, pensait-elle

L'œuf de la poule noire.

sans doute, et je le couverai, et bientôt il en sortira un petit poussin. »

Malheureusement Juliette, en entendant « co, co, co, cocorico », a deviné que la poule venait de pondre, elle s'est mise à chercher l'œuf dans le foin... Ce n'était pas bien malin, puisque la poule noire était là tout près, et Juliette a trouvé l'œuf; elle va le mettre dans le panier qui est là près d'elle ; et, quand elle rentrera à la ferme, elle le réunira à ceux que sa mère doit aller vendre au marché.

Tous les jours on prend ainsi les œufs aux poules, et c'est pour cela qu'elles essayent de les pondre dans des cachettes. De temps en temps cependant on leur en laisse pour qu'elles les couvent. Si nous mangions tous les œufs, si les poules ne couvaient pas, nous n'aurions jamais de poulets.

Juliette est venue au pré pour apporter à déjeuner à son papa et à sa maman qui y travaillent depuis le matin ; le déjeuner était dans le panier et aussi dans la casserole qui est à côté.

Il y a deux ou trois jours, ce pré était joli, joli ; il y avait de grandes herbes avec des épis légers comme des plumes, que le vent faisait balancer ; il y avait aussi des marguerites blanches au cœur jaune ; il y avait des boutons-d'or... qui avaient l'air tout en or. Hier le papa et la maman de Juliette ont tout coupé, tout fauché, et ils ont étendu leur herbe — leur foin — par terre pour le faire sécher. Et quelle bonne odeur il y avait dans ce pré !

Comme il faisait un beau soleil, le foin a séché tout de suite. Maintenant le papa de Juliette le réunit, l'entasse en un grosse meule. La maman rassemble l'herbe éparpillée par terre, le papa la prend avec sa fourche et la met sur la meule, qui devient de plus en plus haute.

Bientôt on chargera tout le foin sur une charrette,

et on le portera à la ferme pour la nourriture des bestiaux.

Au bout du pré des parents de Juliette, il y a encore d'autres prés et des arbres. Cette image représente la campagne.

**Questionnaire.** — Nous sommes à la campagne, avons-nous dit : « Eh bien, à quoi reconnaissez-vous, mes enfants, que nous sommes à la campagne? » Si, après un moment de réflexion les enfants ne répondent pas, vous reprenez, en montrant la meule de foin : « Voyez-vous des meules de foin en ville? — Voyez-vous de grandes étendues sans maisons? » Mais cette seule idée à préciser demandera peut-être du temps, et il ne faudrait pas passer à une autre avant que les enfants eussent vraiment compris. Notre enseignement est tout à fait stérilisé par un amas d'idées obscures que nous entassons sans prudence.
Comment ces herbes si verdoyantes, si fleuries deviennent-elles le foin jaunâtre et cassant qui s'entasse sur la meule? (Les enfants pourront le voir à l'école même, si la directrice laisse se dessécher un bouquet cueilli dans la prairie. Et, quand les enfants auront vu, *un mot suffira* pour leur donner une notion juste, tandis que les vingt minutes passées au gradin sont presque toujours perdues pour le plus grand nombre.) — Racontez pourquoi la poule avait caché son œuf. — Pourquoi Juliette l'a-t-elle pris? — Qu'est-ce que Juliette est venue faire dans le pré? — Qu'est-ce qui vous fait deviner cela? — Que font le papa et la maman? — Comment était le pré avant d'être fauché? — Dites ce qu'il y avait. — Maintenant, comment est-il? — Comment s'appelle le grand tas de foin? — Parlez-moi de la poule. — Dites-en ce que vous savez. — Parlez-moi de Juliette. — Parlez-moi du père et de la mère.

## La grande sœur

### SECTION DES PETITS (*de 2 à 4 ans*)

Voici un bébé étendu sur les genoux de sa grande sœur. Il a sommeil. Avant de s'endormir, il caresse la joue de sa sœur avec sa menotte.

Je vois la tête du bébé; elle est coiffée d'un bonnet blanc, et ses petits cheveux font une jolie frange autour du bonnet. Je vois aussi un œil du bébé et puis son nez, son front, sa joue, son petit bras nu, ses petits pieds chaussés de bottines.

Comme il va bien dormir sur les genoux de sa grande sœur! Elle n'a pas de bonnet, la grande sœur, on voit tous ses cheveux partagés en deux par une raie; on voit aussi ses mains et ses pieds. Tout le reste de son corps est enveloppé d'un manteau ou d'une cape.

La grande sœur est assise sur un paquet de branches sèches qu'on appelle un fagot.

En gardant son frère, la grande sœur surveille la soupe qui cuit dans la marmite. Voici la marmite, son anse, ses trois pieds. Le feu brûle au-dessous de la marmite, les flammes entourent la marmite et s'élèvent au-dessus.

Je ne vois pas la soupe; mais je pense qu'elle sera bien bonne et que le papa et la maman de la petite cuisinière seront bien contents à l'heure du repas.

**Questionnaire.** — Montrez-moi le bébé. — Montrez-moi la grande sœur. — Où est couché le bébé? — Que fait-il? — Sur quoi

La grande sœur.

est assise la grande sœur? — Montrez la marmite. — Qu'est-ce qu'il y a dans la marmite? — Montrez le feu. — Avec quoi la grande sœur a-t-elle fait le feu? — Pour qui est la soupe? — Qui sera bien content de la grande sœur?

---

### SECTION DES GRANDS (*de 4 à 6 ans*)

*La directrice.* — Que voyez-vous sur cette image?

— Une grande fille et un bébé.

— Que font-ils tous les deux?

— Le bébé est étendu sur les genoux de la grande fille, et elle le regarde en souriant... Le bébé lui caresse la joue avec sa main.

— Ils ont l'air bien bons amis?

— Oui.

— Sont-ils dans leur maison?

Ici se produira peut-être un peu d'hésitation, la directrice aidera. Voyez-vous les murs d'une chambre? des meubles? une fenêtre? une porte? Il n'y a rien de tout cela. Les enfants sont dehors! ils sont en plein air. Sur quoi est assise la grande fille?

— Sur un fagot.

— Que fait-elle?

— Elle garde son petit frère, qui va dormir sur ses genoux.

— Que fait-elle encore?

(Une nouvelle hésitation devra se produire.) Regardez à la droite de notre image...

— Il y a une marmite sur le feu.

— Oui, la marmite est suspendue à un fil de fer qui est sans doute accroché à une haute branche que l'on ne voit pas. Il n'y avait pas de place pour la mettre sur cette petite image. C'est la soupe qui cuit dans la marmite; Françoise s'en occupe; elle met du bois au feu, elle veille à ce que le bouillon ne s'échappe pas.

Vous avez bien vu tout ce qu'il y avait à voir. Ce que vous ne savez pas, je vais vous le dire.

La grande fille s'appelle Françoise ; elle a dix ans. Le petit garçon s'appelle François ; il a dix-huit mois. Il commence à marcher ; il a douze dents, et il dit quelques mots : « papa », « maman », « Vatoise » (ça veut dire Françoise).

Le papa de ces deux enfants est *journalier*, c'est-à-dire qu'il va travailler à la journée chez les fermiers voisins. La maman cultive leur petit jardin, et le jeudi, jour de marché à la ville, elle va vendre les légumes qu'elle récolte. C'est bien commode que le marché soit un jeudi. Savez-vous pourquoi? Le jeudi, Françoise ne va pas à l'école, et sa maman lui confie son petit frère. En le surveillant, elle fait la soupe. Le souper est donc prêt lorsque la maman rentre.

Quand le temps est mauvais, Françoise garde son petit frère dans la maison. Mais, quand il fait beau comme aujourd'hui, elle s'installe dehors à la lisière de la forêt, et, tout en s'amusant avec bébé, ou bien pendant son sommeil, elle travaille, la brave fillette. Aujourd'hui, elle a ramassé des branches sèches, et en a fait un fagot qu'elle rentrera quand sa maman sera de retour. Françoise est heureuse, parce qu'elle se rend utile à ses parents et à son petit frère. Elle est active, aimante et dévouée.

Je pense que vous avez bien compris. Savez-vous tous ce que c'est que la forêt?

— C'est un endroit où il y a beaucoup d'arbres.

— J'ai dit que Françoise s'installait à la *lisière* de la forêt; cela veut dire au *bord* de la forêt. Montrez-moi tous vos mouchoirs. Il y a deux côtés que l'on n'a pas eu besoin d'ourler parce que le bord était solide. Ce bord, c'est la lisière du mouchoir. Les étoffes ont tout du long une lisière de chaque côté.

On dit la lisière de la forêt, la lisière d'un champ, pour le *bord* de la forêt, le *bord* du champ.

**Questionnaire.** — Vous allez me dire ce que fait Françoise. — Ce que fait François. — Vous allez me parler du petit bras de François. — De la coiffure de Françoise. — De la soupe. — De l'endroit où Françoise a ramassé le bois. — Dites-moi où est la maman de Françoise. — Que fait-elle au marché? — Dites-moi pourquoi le jour du marché est bien choisi.

Maintenant dites-moi toutes les qualités de Françoise. (Elle aime ses parents et son petit frère; elle aime le travail, ou bien elle est travailleuse, ou bien elle est active; elle aime à rendre service, ou bien elle est serviable, ou obligeante, ou dévouée).

Un des enfants va me dire tout ce qu'il voit sur l'image.

## Daniel, le petit cuisinier.

### SECTION DES PETITS (de 2 à 4 ans)

Je vois un beau petit garçon. Il est debout sur une chaise, dans la cuisine. Voici le fourneau, une casserole dessus, le balai à côté du fourneau, et puis des casseroles suspendues au mur.

Ce bébé, c'est Daniel; il est bien gentil, quand il est sage, et sa maman l'aime beaucoup. Elle lui a donné un sabre, et puis elle lui a fait un chapeau de gendarme avec un journal.

Daniel est un drôle de petit militaire avec son tablier blanc, ses bas qui tombent sur ses souliers et sa petite culotte qui laisse sortir sa chemise.

Daniel veut faire la bouillie, pendant que sa maman n'y est pas, et comme il est trop petit pour atteindre la casserole, il a grimpé sur la chaise; mais comme il est maladroit, il verse trop de lait dans la casserole, et la bouillie se répand dans le feu. Daniel pourrait tomber sur le fourneau et se brûler.

**Questionnaire.** — Montrez le sabre de Daniel et son chapeau de gendarme. — Est-ce que les gendarmes mettent leur chapeau comme Daniel? — Comment les gendarmes le posent-ils? — Montrez-moi le tablier de Daniel, de quelle couleur est-il? — Montrez-moi ses bas; sont-ils bien tirés? sur quoi retombent-ils? — Pourquoi les bas de Daniel retombent-ils sur ses souliers? — Montrez la culotte de Daniel. — Pourquoi Daniel est-il monté sur la chaise? — Regardez bien et dites-moi ce qu'il fait avec sa main droite. — Et avec sa main gauche? — Verse-t-il bien le lait dans la casserole? — Où tombe-t-il? — La bouillie sera-t-elle bonne? — Pourquoi ne sera-t-elle pas bonne? — Les enfants doivent-ils monter sur les chaises? — Pourquoi ne doivent-ils pas y monter? — Pourquoi ne doivent-ils pas s'approcher du fourneau?

---

### SECTION DES GRANDS (*de 4 à 6 ans*)

Daniel est l'enfant chéri de sa maman. Elle aime à jouer avec lui, et ce matin elle lui a fait un chapeau de gendarme avec un journal que son papa avait fini de lire. Daniel aime beaucoup à jouer au soldat, et son papa lui a acheté un sabre qu'il met tous les matins, dès que sa petite toilette est faite.

Daniel est bien gentil, bien gentil. Il est très brave; il aime à entreprendre des choses difficiles et ses parents sont contents de cela, parce que c'est bête les enfants qui ont peur de tout, et qui ne savent jamais se tirer d'affaire. Mais... il est un peu désobéissant aussi, le petit Daniel, parce qu'il n'a pas compris qu'on défend aux enfants les choses qui pourraient leur faire du mal ou faire du mal aux autres.

La preuve qu'il ne comprend pas, la voici:

Sa maman faisait la bouillie pour le déjeuner, — Vous savez bien comment on fait de la bouillie, avec de la farine et du lait; — lorsqu'une voisine l'a appelée, la priant de venir voir son enfant malade.

A peine a-t-elle eu tourné les talons, M. Daniel a traîné la chaise près du fourneau; il a grimpé sur le siège, il s'est emparé du pot au lait et de la cuillère de bois, et il s'est mis à faire, lui aussi, la bouillie!

C'est très imprudent ce que Daniel fait là! sa maman lui a défendu cent fois de s'approcher du fourneau. Le fourneau est très chaud; le petit tablier de l'enfant peut prendre feu; la chaise peut se renverser et Daniel peut tomber la tête dans la bouillie. Ceux qui ne con-

Daniel, le petit cuisinier.

naissent pas le danger ont envie de rire en voyant ce gentil petit cuisinier; mais je vous assure que Daniel me fait trembler.

Quant à la bouillie..., j'aime mieux n'être pas condamnée à la manger. M. Daniel verse sans faire attention à ce qu'il fait; la casserole est trop pleine, le lait se répand sur le fourneau, il coule sur le charbon, qui s'éteint en faisant beaucoup de poussière et de fumée.

La bouillie de Daniel, ce sera de la bouillie pour les chats.

**Observations pour les maîtresses.** — L'explication de cette image, telle qu'elle est transcrite ci-dessus, paraît toute logique. Il semble naturel que les enfants soient d'abord attirés par le bébé coiffé du chapeau de gendarme. Eh bien! un incident d'inspection, au sujet de cette image même m'a révélé l'abîme qui existe entre les procédés intellectuels des enfants et nos procédés à nous. Voici le fait : j'étais dans une école maternelle de Niort et je montrais l'image à quelques *grands* réunis autour de moi. — Que voyez-vous? Les enfants regardaient, cherchaient à se rendre compte; fidèle à mon système je leur laissais le temps... un, enfin, brûle ses vaisseaux : « *Je vois de l'eau* », me dit-il. (Une bonne leçon pour moi! les enfants adorent l'eau autant que je les aime eux-mêmes.) Que vois-tu encore? — Des casseroles. — Et encore? — Un balai. — Et encore? — Une chaise. — Et... enfin (car il n'y avait plus rien à voir). — Je vois un petit garçon! »

Et, moi, je prenais mes notes sur mon carnet! Et j'y ai pensé depuis et je me suis promis de les observer plus encore, ces enfants, pour tâcher de comprendre enfin leurs procédés intellectuels.

**Questionnaire.** — Que fait Daniel? — Avec quoi fait-on la bouillie? — Dites comment on fait la bouillie. — Daniel s'y prend-il bien? — Quelle sottise fait-il? — Sur quoi est-il grimpé? — Décrivez son costume en commençant par les pieds. — Savez-vous faire un chapeau de gendarme? — La maman de Daniel sera-t-elle contente quand elle reviendra dans la cuisine? — Dites pourquoi elle ne sera pas contente. — Comment appelle-t-on les enfants qui font ce que leur maman leur a défendu? — Comment appelle-t-on les enfants qui font des choses qui peuvent leur faire du mal? — Dites toutes les choses qui sont dans la cuisine.

Un enfant dira tout ce qu'il sait du fourneau. — Un autre enfant dira tout ce qu'il sait du balai. — Un autre dira tout ce qu'il sait des casseroles. — Un autre dira tout ce qu'il sait de Daniel.

### Le frère de lait et la sœur de lait.

SECTION DES PETITS (*de 2 à 4 ans*)

Oh! le vilain garçon qui est à la fenêtre, la tête appuyée sur sa main droite! Il est tout noir; il est mal peigné, la manche de sa chemise est déchirée; mais ce qui le rend surtout si laid, c'est qu'il a l'air de mauvaise humeur; il boude, et les boudeurs ne sont jamais beaux. Ne le regardons pas trop longtemps. Il vaut bien mieux regarder la jolie petite fille qui lui offre des fruits. Elle a fait sa toilette, la mignonne! sa maman l'a bien peignée, et puis elle lui a rejeté les cheveux en arrière pour que l'on voie son joli front; elle lui a mis sa robe des jours de fête, des bottines neuves et un médaillon suspendu au cou. Elle est surtout jolie, parce qu'elle est bonne. Elle veut consoler le garçon qui est malheureux — on est malheureux quand on boude — elle lui offre les fruits de son dessert. On dirait qu'il ne l'entend pas; mais je crois que, bientôt, il tournera la tête de son côté, et alors il oubliera sa mauvaise humeur, et ils mangeront ensemble les fruits qui sont dans l'assiette.

Le garçon s'appelle Vincent et la petite fille Marcelle. Vincent est le fils du jardinier du papa de Marcelle; il accompagne souvent la petite fille quand elle va se promener dans la campagne. C'est la maman de Vincent qui a été la nourrice de Marcelle. Quand elle était un bébé et qu'il avait déjà huit ans, il la portait dans ses bras. Marcelle et Vincent s'aiment beaucoup; Vincent est un bon garçon, quand il ne boude pas. Maintenant il boude parce qu'il a été grondé par son père, pour n'avoir pas été obéissant. Vincent est à la fenêtre de la cuisine. Marcelle est sur la terrasse. Une bien jolie terrasse, avec une tonnelle de verdure sous laquelle on peut passer l'après-midi à l'ombre.

**Questionnaire.** — Comment se nomme le garçon qui est à la fenêtre? — De quelle couleur est sa figure? — Comment est-il habillé? — Est-il toujours aussi laid? — Pourquoi est-il si laid en ce moment? — Pourquoi boude-t-il? — Qui est le papa de Vincent? et sa maman? — Y a-t-il bien longtemps que Vincent connaît Marcelle? — Que faisait Vincent quand Marcelle était un bébé? — Dites comment Marcelle est habillée. — Est-ce sa toilette qui la rend si jolie? — Qu'offre-t-elle à Vincent? — Croyez-vous qu'il finira par accepter des fruits? — Où est Vincent? — Où est Marcelle? — Connaissez-vous des garçons qui s'appellent Vincent? — Y en a-t-il à l'école? — Y en a-t-il dans la ville ou dans le village? — Connaissez-vous des jardiniers? — Que font-ils, les jardiniers? — Que les enfants qui ont un jardin lèvent la main. — Qu'y a-t-il dans votre jardin? — Dites les légumes de votre jardin. — Dites les fleurs de votre jardin. — Qui soigne votre jardin? — Quand l'arrose-t-on? — Dans quoi met-on l'eau pour arroser le jardin?

Savez-vous qui vous a donné à téter, quand vous étiez tout petits? — Alors votre maman était votre... (nourrice). — Est-ce votre maman qui a été votre nourrice? — Est-ce que la maman de Vincent a eu d'autres nourrissons, c'est-à-dire a-t-elle donné de son lait à d'autres enfants? — Avez-vous des frères et des sœurs de lait? — Si vous en avez, dites comment ils s'appellent. — Où demeurent-ils? que font-ils? — Savez-vous pourquoi les petits enfants ne boivent que du lait, au lieu de manger du pain, de la viande et des légumes comme les grandes personnes?

---

## SECTION DES GRANDS (*de 4 à 6 ans*)

Quand la petite Marcelle est venue au monde, sa maman était si malade qu'elle n'a pas pu la nourrir de son lait, ce qui a fait beaucoup de chagrin à la pauvre femme. Heureusement que la maman de Vincent avait, elle aussi, un bébé et que ce bébé n'avait plus besoin de téter, parce qu'il avait au moins une douzaine de jolies quenottes

Le frère de lait et la sœur de lait.

toutes neuves; alors elle a offert d'être la nourrice de Marcelle. La maman de Marcelle a accepté avec reconnaissance, et comme la maman de Vincent était la femme du jardinier, aucune des deux mamans n'a été obligée de se séparer de son enfant.

Vincent est ce qu'on appelle le frère de lait de Marcelle. Marcelle est la sœur de lait de Vincent. Cela veut dire qu'ils ont eu la même nourrice. Vincent a bien huit ans de plus que Marcelle, puisqu'il a quatorze ans et que Marcelle en a six. Ils sont très bons amis. Vincent supporte avec beaucoup de patience les petits caprices de Marcelle, il faut bien avouer qu'elle en a quelquefois; il est toujours disposé à la conduire à la promenade, il éloigne les grands chiens qui pourraient l'effrayer; il lui fait des filets pour attraper les papillons, et des lignes pour la pêche... Mais, quand, par malheur, il est dans ses crises de bouderies, la pauvre Marcelle a toutes les peines du monde à lui rendre sa bonne humeur.

Savez-vous pourquoi il boude? Hier au soir, son père lui avait dit : « As-tu fermé la clôture du poulailler? — Pas encore. — Vas-y tout de suite. — Ne crains rien, avait affirmé Vincent qui ne voulait pas se lever de table. — Tu oublieras, mon fils! — Non! non!... »

Et Vincent a oublié. Ce malheur arrive presque toujours quand on n'obéit pas sur-le-champ; et ce matin, mesdames les poules qui s'éveillent de bonne heure, sont entrées dans le jardin; elles ont gratté la terre avec leurs pattes et déraciné des plantes; elles ont picoré les jeunes pousses des arbustes; en un mot, elles ont fait beaucoup de dégâts, et Vincent a été sévèrement grondé.

Maintenant, il est malheureux d'avoir été en faute, il se fait des reproches à lui-même, et puis il en veut à son père qui ne lui a pas permis de déjeuner à la table de famille. C'est ce mauvais sentiment qui se voit sur sa figure.

Mais... cela ne durera pas; je connais Vincent, c'est un brave garçon; grâce à sa petite amie Marcelle, il va secouer sa mauvaise humeur et il ira embrasser son père, qui lui pardonnera, j'en suis sûre, parce que je connais les papas comme je connais Vincent : ils sont toujours heureux de pardonner à leurs enfants.

**Questionnaire.** — Pourquoi Vincent est-il le frère de lait de Marcelle ? — Pourquoi Marcelle est-elle la sœur de lait de Vincent ? — Avez-vous des frères de lait (ou des sœurs)? — Comment s'appellent-ils ? — Où demeurent-ils ? — Savez-vous pourquoi les petits enfants boivent du lait au lieu de manger de la viande et des légumes comme les grandes personnes? — Pourquoi la maman de Marcelle n'a-t-elle pas nourri sa petite fille ?

Maintenant un petit garçon va regarder l'image, et puis il me parlera de la figure de Vincent. Un second me parlera de son costume. Un troisième me dira pourquoi il est laid. Un quatrième me racontera pourquoi Vincent a été grondé par son père. Un cinquième me dira pourquoi Vincent connaît Marcelle depuis longtemps. Puis une petite fille me parlera de la coiffure de Marcelle ; une autre, de son costume; une autre me dira pourquoi elle offre des fruits à Vincent; une autre, où elle va lorsque Vincent l'accompagne.

Maintenant, une petite fille va me dire tout ce qu'elle sait sur Vincent; une autre me dira tout ce qu'elle sait de la mère de Vincent; une autre, tout ce qu'elle sait du père de Vincent.

Un petit garçon me dira tout ce qu'il sait de Marcelle; un autre me dira tout ce qu'il sait de la maman de Marcelle. Enfin un enfant de bonne volonté me racontera toute l'histoire.

## L'excursion dans la montagne.

### SECTION DES PETITS (*de 2 à 4 ans*)

Voici un âne et un petit garçon dessus. Un homme tire l'âne par la bride, parce que le chemin est bien mauvais, bien dur. Peut-être que, si l'homme ne tenait pas l'âne par la bride, la pauvre bête tomberait sur ses genoux, et le petit garçon dégringolerait par terre. Il n'a pas l'air d'être un très bon cavalier, ce petit garçon; et puis, au lieu de se mettre *à cheval* sur son âne, il s'est assis comme sur une chaise. J'ai bien peur qu'il ne tombe sur le nez. Mais peut-être qu'il est bien attaché avec des courroies. L'homme qui le conduit prend beaucoup de peine; il s'appuie sur un grand bâton. C'est toujours en s'appuyant ainsi sur un grand bâton que l'on monte sur les montagnes.

Le petit garçon et l'homme qui conduit l'âne ne sont pas seuls; voyez sur le chemin, un peu plus haut : il y a un monsieur et un autre petit garçon. C'est le papa et le frère de celui qui est sur l'âne. Chacun des petits garçons monte à son tour sur l'âne. Quand l'âne et le petit cavalier, qui s'appelle Charles, arriveront près du papa et du petit frère, qui s'appelle Georges, Charles descendra et Georges montera sur l'âne.

Les quatre personnes et l'âne ont encore beaucoup de chemin à faire. Il faut arriver avant la chaleur, parce qu'il n'y a pas d'arbres pour faire de l'ombre dans cette partie de la montagne, et les voyageurs auraient trop chaud.

L'excursion dans la montagne.

Charles et Georges sont bien contents de faire cette grande promenade; ils respirent un bon air, et, quand ils arriveront près d'une cabane que l'on ne voit pas sur l'image parce qu'elle est trop loin, ils déjeuneront. Les provisions sont dans le panier que l'âne porte, et aussi dans la gibecière de l'homme qui le conduit.

**Questionnaire.** — Montrez-moi l'âne. — C'est bien ; puis le petit garçon ; puis l'homme qui tient la bride ; puis le papa ; puis le petit Georges. Maintenant, dites-moi s'ils sont dans un chemin facile ou difficile. — Montent-ils, ou descendent-ils ? — Pourquoi l'homme tient-il l'âne par la bride ? — Pourquoi s'appuie-t-il sur son bâton ? — Est-ce que Georges est toujours sur son âne et Charles toujours à pied ? — Que faut-il toujours faire quand il n'y a qu'un âne pour plusieurs enfants ? — Est-ce qu'il n'y aurait pas eu un autre moyen de s'arranger ? (Les deux enfants auraient pu monter sur l'âne en même temps, mais l'âne aurait été trop fatigué.)

Dites comment Charles aurait pu s'installer sur l'âne. — Est-il aussi solide que s'il était à califourchon ? — Qu'a fait son papa pour l'empêcher de tomber ? — Pourquoi les quatre personnes désirent-elles arriver avant la chaleur ?

---

## SECTION DES GRANDS (de 4 à 6 ans)

Avez-vous jamais vu un pays de montagnes, mes chers enfants? C'est très beau, ces énormes masses de terre, de pierres, de rochers. On monte, on monte; plus on va haut, plus la vue peut s'étendre au loin, et le paysage est des plus variés. Parfois, c'est bien aride, on dirait presque qu'il n'y a plus au monde que des cailloux, ou de l'herbe courte ou de tout petits arbustes ; mais, parfois aussi, il y a de belles prairies, ou de grandes forêts. Et puis il y a presque partout des sources d'eau bien claire.

Quelquefois l'eau qui coule des sources a passé dans des endroits où il y a du fer ou du soufre, et elle devient rès bonne pour guérir certaines maladies. Aussi va-t-on dans les montagnes pour se promener si l'on se porte bien, et pour se soigner si l'on est malade.

La maman de Georges et de Charles a eu besoin de *prendre les eaux* de la montagne, et toute la famille l'a accompagnée. Elle est encore trop faible pour faire de longues courses; mais, comme on n'est plus inquiet d'elle, on la laisse quelquefois à l'hôtel, et le papa emmène son petit monde faire une excursion dans les environs. On loue un âne, on emporte les provisions pour le déjeuner, et l'on part content, en se faisant accompagner par un homme du pays qui connaît si bien tous les endroits difficiles, qu'il y passerait, lui, les yeux fermés. Cet homme s'appelle un *guide*. Les deux frères auraient bien voulu monter à cheval; mais, dans la montagne, quand le chemin est raide, caillouteux et quelquefois dangereux, rien de plus sûr que les jambes d'un âne et aussi que son instinct pour choisir les endroits; on peut le laisser aller tout seul et se fier à lui; il tient à ses os et fait attention à ne pas les briser. Peut-être aussi ne veut-il pas faire de mal à ceux qui le montent; car l'âne est une bonne bête que nous devons bien soigner. Si, en ce moment, le guide le tient par la bride, c'est pour lui rendre l'ascension — quand on monte, cela s'appelle faire une ascension — c'est pour lui rendre l'ascension plus facile.

En regardant bien, j'ai vu que le papa et Georges sont arrivés près d'un endroit où l'eau sort de la montagne et tombe en cascade; Georges la montre au guide et lui dit : « Un peu de courage, père Guillaume, vous allez boire un coup. »

Georges et Charles font une collection des jolis cailloux qu'ils trouvent dans la montagne et des fleurs qu'ils y cueillent. Ce sont des souvenirs de leur voyage qu'ils distribueront à leurs petits amis.

**Questionnaire.** — Habitez-vous la montagne ou la plaine? — Va-t-on dans les montagnes pour voir de belles villes? — Pourquoi construit-on plutôt les villes dans la plaine ou sur les collines peu élevées? — Dites ce que produit le sol de la montagne. — Est-il toujours fertile? — Y a-t-il de l'eau dans la montagne? — Savez-vous pourquoi certaines eaux sont sulfureuses? — Savez-vous pourquoi certaines autres sont ferrugineuses? — Que fait-on des eaux ferrugineuses et des eaux sulfureuses? — Dites pourquoi Charles et Georges sont venus cette année dans la montagne. — Savez-vous ce que c'est que faire une ascension? — Si Charles restait toujours sur l'âne sans jamais céder sa place à son frère, serait-ce bien? — Pourquoi prend-on plutôt des ânes que des chevaux pour faire des courses en montagne? — Qu'est-ce qu'il y a dans la gibecière du guide? — Dites comment elle est attachée. — Décrivez le costume du guide. — Pourquoi y a-t-il des guides dans la montagne? — Dites ce que Charles et Georges apporteront à leurs amis en souvenir de leurs excursions. — Quel est celui de vous qui fait de petites collections? (images, plantes, pierres, coquillages, timbres-poste. Encourager les petits collectionneurs).

Maintenant un enfant va me parler de l'âne. — Un deuxième du guide. — Un troisième de Charles. — Un quatrième du papa. — Un cinquième de Georges. — Un sixième de la maman de Georges et de Charles. — Un septième me parlera de la route que suivent les voyageurs. — Un huitième me dira ce qu'il voudra de cette image.

## L'imprudence de Michel.

SECTION DES PETITS (*de 2 à 4 ans*)

Cette image me fait peur! Quand je la regarde, je sens un frisson me secouer le corps et j'ai froid.

C'est que je vois un pauvre petit garçon en grand danger. Voyez! il s'est accroché à une voiture de chemin de fer. S'il lâche, par malheur, la baguette de cuivre, il tombera et sera écrasé par les roues; si un train lancé à toute vitesse vient à passer, il aura la tête emportée. Pauvre enfant! pauvre petit Michel!

Il a une peur affreuse! Il a poussé un cri si déchirant que, malgré le bruit du train, malgré le sifflet de la locomotive, l'homme qui était dans la petite cabane se précipite. Il va enlever Michel dans ses bras, il le portera dans la cabane auprès de lui; et quand Michel sera remis de sa frayeur, il aura peine à comprendre son imprudence, sa folie. Car il faut avoir perdu la tête pour vouloir monter dans le train quand il marche.

**Questionnaire.** — Pourquoi avez-vous peur quand vous regardez ce petit garçon? — Où est-il accroché? — Sera-t-il tué? — Pourquoi ne sera-t-il pas tué? — Que serait-il arrivé si l'homme n'avait pas entendu crier Michel? — Pourquoi Michel est-il accroché à la voiture? — Savez-vous s'il y a des chevaux pour traîner cette voiture? — Qu'est-ce qu'il y a? (Une locomotive; presque tous les enfants la connaissent.)

## SECTION DES GRANDS (*de 4 à 6 ans*)

Le pauvre petit Michel n'a pas de père pour l'accompagner dans son voyage. Il a bien une maman, mais elle est si malade qu'on a dû la faire entrer à l'hôpital. L'enfant ne pouvait pas rester tout seul dans la maison vide, ses voisins lui ont fait un petit paquet de vêtements et l'ont engagé à aller trouver sa grand'mère, qui habite la ville voisine.

Michel a fait ce qu'on lui a dit de faire; il est allé à la gare, il a pris son billet tout seul comme un homme et il est venu sur le quai avec les autres voyageurs. Tout cela, c'est à merveille. Mais M. Michel est un peu étourdi, sa petite tête bat souvent la campagne, c'est-à-dire qu'il ne fait pas toujours attention à ce qu'il fait. En classe, une mouche qui vole lui fait oublier la leçon; dans la rue, il regarde en l'air au lieu de faire attention aux endroits où il met le pied. Je connais beaucoup d'enfants qui lui ressemblent. Cela ne les empêche pas d'être de bons enfants, mais cela leur cause une foule de mauvaises aventures.

Arrivé sur le quai, Michel s'est mis à regarder des employés de la gare qui faisaient tourner une locomotive sur une plaque tournante. Quand on a crié : « Messieurs les voyageurs, en voiture ! » il a entendu comme dans un rêve ; il n'a, pour ainsi dire, pas vu monter dans les wagons, et ce n'est que lorsque le train s'est ébranlé qu'il a compris. Il s'est élancé et, malgré les cris du chef de gare, il a enjambé la première marche, et vous voyez ce qui lui est arrivé. Sans le brave homme de la cabane, Michel était mort.

**Observations pour les maîtresses.** — Presque tous les enfants ont vu un chemin de fer : un *vrai* ou des imitations. Il n'y n'y a pas de marché de village, même dans les endroits les plus recu-

L'imprudence de Michel.

lés, où l'on ne vende pour quelques sous des trains qui, pour ne vivre que ce que vivent les roses, n'en sont pas moins un excellent enseignement par les yeux. Enfin il y a des images partout.

Nos enfants de l'école maternelle se familiariseront donc facilement avec les termes appropriés aux choses, tels que : les *rails*, la *voie* sur laquelle ils sont établis ; les voitures ou les *wagons*; la *locomotive*, le *tender* (compartiment du charbon). Ils devront savoir que plusieurs wagons reliés ensemble et traînés par une locomotive s'appellent *un train*, et que certaines voitures sont munies d'une mécanique qui sert à modérer la marche du train et même à l'arrêter. Cette mécanique, c'est le *frein*.

L'homme qui a sauvé Michel est le serre-frein, il habite la petite cabane placée à l'avant du wagon. Pourquoi lui a-t-on fait une cabane ? C'est pour qu'il ne soit pas aveuglé par la poussière et la fumée du charbon. Pourquoi cette cabane est-elle vitrée tout autour ? C'est pour que le serre-frein voie le pays que le train traverse, et qu'il serre sa manivelle au bon moment.

Le serre-frein est un homme très utile, et il ne faut pas qu'il soit étourdi comme Michel ; une minute d'oubli pourrait faire arriver de grands malheurs (parler de la rencontre possible de deux trains, et des obstructions possibles aussi de la voie).

Mais sur cette image on ne voit ni locomotive ni tender ; on ne voit même qu'une portion de voiture. C'est une voiture de première classe ; on la reconnaît à ses larges fenêtres (ici on pourra parler de trois classes de voitures, sans appuyer sur des différences de positions sociales que les enfants ne comprennent pas ; il suffit de leur dire que ceux qui peuvent dépenser plus d'argent sont en première classe, et ainsi de suite).

Regardons-la de plus près, cette voiture. La portière — contre laquelle il ne faut jamais s'appuyer avant d'avoir constaté qu'elle est bien fermée — la portière est fermée par une forte serrure dont on ne voit que la poignée ; au-dessus de la porte il y a des lames de bois minces et espacées pour laisser passer l'air ou le vent : ce sont des ventilateurs. Au coin de la voiture il y a une lanterne que l'on allume dès que le jour n'est plus très clair. Le frein passe au-dessus du wagon, il est entre la lanterne et la cabane. On monte à la cabane du garde-frein par quatre marches.

Au-dessous de la cabane et entre la seconde et la troisième marche, il y a deux barres de fer terminées par deux épaisses plaques rondes : ce sont les tampons. Il faut se garder de passer entre les tampons de chaque voiture si l'on ne veut être tamponné et écrasé. Chaque voiture est attachée à l'autre par deux chaînes rivées aux deux tampons. Enfin chaque voiture est numérotée. Celle-ci porte le numéro 1307.

Ces détails tendent simplement à développer chez les enfants l'esprit d'observation. On me reprochera peut-être d'avoir été un peu sèche ; mais je voudrais que l'on donnât à chaque leçon sa couleur. Celle-ci ne me paraissait pas porter à la poésie.

**Questionnaire.** — Racontez l'imprudence de Michel. — Pourquoi était-ce une imprudence? — Dites ce que c'est qu'un imprudent. — Quand on ne fait pas les choses qui pourraient faire du mal qu'est-ce que l'on est? — Disons dans quelles circonstances un enfant est imprudent. (Plus simplement disons *quand* un enfant est imprudent.) — Un enfant est imprudent quand il veut monter dans un train en marche (pourquoi?) — Un enfant est imprudent quand il entre seul dans un bateau (pourquoi?) — Un enfant est imprudent quand il se penche à la fenêtre (pourquoi?) — Un enfant est imprudent quand il grimpe derrière les charrettes et les voitures (pourquoi?) — Un enfant est imprudent quand il boit de l'eau froide ayant chaud (pourquoi?) — Un enfant est imprudent quand il mange des choses qu'il ne connaît pas (pourquoi?) — Un enfant est imprudent quand il va au soleil sans chapeau (pourquoi?) etc., etc.

Donc Michel a été très imprudent. Mais... pourquoi voyageait-il tout seul? — Pourquoi n'est-il pas monté en voiture en même temps que les autres voyageurs? (Parce qu'il ne faisait pas attention; il était étourdi.) — Qu'est-ce qu'un étourdi? (C'est celui qui ne fait pas attention aux choses ou qui les oublie.) — Recommencer l'exercice de tout à l'heure : Un enfant est étourdi quand il oublie son panier à l'école. — Un enfant est étourdi quand il part pour l'école sans mettre son chapeau. — Un enfant est étourdi quand il oublie la commission que sa mère lui a donnée, etc., etc. — Qui a sauvé Michel? — Faire décrire la voiture; chaque enfant dira un détail. — Faire définir les mots « rail, voie, wagon, » etc.

Pour terminer faire raconter brièvement l'histoire à l'exclusion de toute explication en dehors du sujet.

## Isabelle et Coco.

SECTION DES PETITS (*de 2 à 4 ans*)

Voici l'âne Coco avec ses longues oreilles toutes droites et son air tranquille. Personne n'a peur de Coco, pas même les petits enfants; tout le monde sait que c'est un brave animal; Isabelle le conduit par la bride.

Isabelle et Coco sont presque toujours ensemble, ce sont deux amis. Coco porte Isabelle quand elle est fatiguée. Isabelle soigne Coco; elle lui donne à manger, et puis elle le caresse et elle lui dit des choses aimables : « Mon brave Coco, mon cher Coco, mon vieux Coco ! »

Tous les jours Coco et Isabelle vont ensemble à la promenade, Isabelle monte sur Coco; mais quand il est un peu fatigué ou quand le chemin est trop mauvais, Isabelle descend et conduit Coco par la bride.

Aujourd'hui Coco est très fatigué, parce que, avant d'aller à la promenade avec Isabelle, il a été au marché avec le jardinier et qu'il a porté deux grands paniers pleins de pommes de terre, de carottes, de choux, de viande et de fruits. Isabelle craint que Coco ne soit malade. Elle s'est arrêtée devant la maison de la grande Julie pour la prier de donner de l'eau fraîche à Coco. Justement Julie était devant la porte avec sa fille Adoline.

Coco va boire; ensuite on le mettra un moment dans le pré. Quand il sera reposé et gaillard, Isabelle sautera dessus et ils rentreront chez eux.

Isabelle et Coco.

**Questionnaire.** — Montrez Coco. — Qu'est-ce que Coco ? — A quoi avez-vous reconnu que c'est un âne et pas un cheval ? — Pourquoi n'a-t-on pas peur de Coco ? — Que fait Isabelle ? — Pourquoi Isabelle aime-t-elle Coco ? — Pourquoi Coco aime-t-il Isabelle ? — Est-ce qu'Isabelle conduit toujours Coco par la bride quand ils vont ensemble à la promenade ? — Quand le conduit-elle par la bride ? — Pourquoi Coco est-il très fatigué aujourd'hui ? — Qu'a-t-il porté ? — De quoi Isabelle a-t-elle peur ? — Pourquoi Isabelle s'est-elle arrêtée devant la maison de Julie et d'Adeline ? — Que va faire Coco ? — Que fera Isabelle lorsque Coco sera reposé ? — Où iront-ils ensemble ?

---

### SECTION DES GRANDS (de 4 à 6 ans)

Le jour où Isabelle a eu ses sept ans, son papa lui a fait cadeau de Coco. « Comme il est joli et comme je te remercie, a dit la petite fille. Mais il va peut-être devenir laid comme celui du père Philippe.

— Soigne-le bien, a répondu le papa, et il restera beau.

— Mais, s'il devient paresseux et entêté comme celui de la mère Jacqueline, qu'en ferons-nous ?

— Sois patiente avec lui, ne le brutalise pas, caresse-le, au contraire, et il sera toujours un bon serviteur, un excellent camarade. »

Isabelle est une bonne fille, elle a fait tout ce que son père lui avait dit, et elle a vu qu'il avait bien raison ; car depuis deux ans Coco a toujours embelli (c'est-à-dire qu'il est devenu plus beau) et jamais on n'a eu de reproche à lui faire.

Isabelle et Coco sont presque inséparables ; si l'âne pouvait manger la soupe, je crois que sa petite amie voudrait le mettre à table, et c'est à grand'peine qu'elle le laisse coucher à l'écurie. Quand il fait beau temps, on les rencontre tous les deux sur les chemins. Quelquefois Isabelle se tient crânement en selle (montrer la selle aux enfants); quelquefois aussi elle marche et conduit Coco par la bride.

Mais aujourd'hui, Coco n'est pas aussi gaillard qu'à l'ordinaire. Le jardinier l'a emmené au marché pour faire les provisions, parce que le cheval était occupé à la ferme; Coco est revenu très chargé, et maintenant il marche péniblement. Isabelle pense que le pauvre âne a soif, et elle va demander à boire pour lui à la grande Julie et à sa fille Adeline.

Justement Julie et Adeline sont derrière la petite porte de leur grange, et comme ce sont des personnes très obligeantes, elles donneront de l'eau fraîche pour Coco.

**Observations pour les maîtresses.** — La scène se passe évidemment dans un village; les personnages ne sont pas dans une rue; ils sont sur une route; dans les villes on ne voit guère de maisons comme celle de Julie, et les fillettes de l'âge d'Isabelle ne conduiraient pas un âne au milieu des voitures et de la foule. La maison de Julie est adossée à un mur qui sert de clôture à un jardin dont on voit les arbres.

Il sera bon de faire observer aux enfants la façon dont l'âne est harnaché. Tout a son importance; si la selle était simplement posée sur le dos de l'âne, elle ne serait pas solide, et l'enfant tomberait, mais les courroies de la selle passent sous le ventre, sous la queue et consolident la selle.

Les petites filles qui n'ont pas appris à monter, ou les maladroites, ou les peureuses se tiennent à califourchon, une jambe de chaque côté; les autres, celles qui sont adroites et courageuses, s'asseoient sur la selle comme sur une chaise, les deux jambes du même côté. Il y a des selles exprès pour que l'on monte à califourchon, et des selles exprès pour que l'on puisse s'asseoir.

Faire remarquer aussi les grandes ressemblances et les grandes différences qui existent entre l'âne et le cheval.

Isabelle est bonne pour Coco. En quoi consiste la bonté quand elle s'applique à un animal?

Julie et Adeline sont obligeantes. En quoi consiste l'obligeance?

**Questionnaire.** — Quand le papa d'Isabelle lui a-t-il donné Coco? — Qu'a dit la petite fille et que craignait-elle? — Qu'a répondu son père? — Isabelle a-t-elle fait ce qu'on lui avait dit? Dites pourquoi elle a eu raison. — On dit que Coco et Isabelle sont inséparables, qu'est-ce que cela veut dire? — Pourquoi Coco ne mange-t-il pas à table? — Pourquoi couche-t-il à l'écurie? — Où vont-ils ensemble? — Est-ce qu'Isabelle se fait toujours porter? — Pourquoi Coco n'a-t-il pas l'air aussi gaillard qu'à l'ordinaire? — Pourquoi est-il allé au marché? — Qu'a-t-il rapporté? — Qu'est-ce qu'Isabelle demande à Julie? — Dites-moi quelque chose de Coco. — Dites-moi quelque chose de l'âne du père Philippe. — Dites-moi quelque chose de l'âne de la mère Jacqueline. — Racontez-moi comment on peut monter sur l'âne. — Qui monte à califourchon? — Qui s'assecit? — Dites-moi où mangent les ânes et où ils couchent.

# L'incendie.

### SECTION DES PETITS (*de 2 à 4 ans*)

Nous voyons d'abord un homme qui descend une échelle; il porte un enfant dans ses bras; le petit s'accroche à son cou. L'enfant a l'air effrayé; l'homme, au contraire, a l'air heureux.

D'où viennent-ils? du grenier? Mais... il n'y a pas de grenier. Il n'y a même pas de maison; on ne voit pas de fenêtres, pas de toiture; on ne voit que de grands morceaux de bois — qu'on appelle des poutres — tout en désordre... D'où viennent donc cet homme et cet enfant? où avaient-ils grimpé?

Regardons ailleurs. Voyez à droite dans le fond un homme qui lève les bras en l'air, on dirait qu'il crie : bravo! Je crois qu'il y a des personnes derrière lui qui crient aussi : bravo! car je vois un bras qui agite un chapeau en l'air. Il doit y avoir beaucoup de monde dans la rue ou sur la place, ou sur la route. Qu'est-il donc arrivé? Cherchons encore. Au-dessus de l'homme, au-dessus des grandes poutres en désordre, il y a de gros nuages blancs... C'est de la fumée. Eh bien, j'ai deviné. La maison brûle. C'est un incendie. Le petit garçon était dans la chambre du premier étage, la chambre brûlait, comme le reste de la maison... Ce brave homme a couru chercher une échelle, il l'a appliquée contre le mur, il est entré dans la chambre et il a enlevé le pauvre petit avant qu'il ait été atteint par le feu.

L'enfant a encore peur; mais l'homme est heureux parce qu'il l'a sauvé, et les personnes qui sont sur la route sont heureuses aussi et elles crient : bravo! bravo!

**Questionnaire.** — Montrez l'homme et le petit garçon. — Montrez l'échelle. — Pourquoi le petit garçon s'accroche-t-il au cou de l'homme? — Voit-on le toit de la maison? — Voit-on les fenêtres? — Pourquoi ne voit-on plus ni le toit, ni les fenêtres? — Montrez les personnes qui crient *bravo*. — Pourquoi crient-elles *bravo*? — Si l'homme n'avait pas emporté l'enfant, que serait devenu le pauvre petit?

---

## SECTION DES GRANDS (*de 4 à 6 ans*)

Les grands ayant expliqué l'image comme ci-dessus, la maîtresse continue la causerie :

Les maisons peuvent brûler parce qu'elles sont faites en partie avec du bois ; les charpentes sont en bois; les parquets sont en bois; les portes sont en bois; les châssis des fenêtres sont en bois, les escaliers sont en bois (pas toujours; mais très souvent); les meubles sont en bois. Et puis il y a du linge dans les armoires, des rideaux aux fenêtres et parfois aux lits, des matelas, des draps. Il y aussi du papier dans les maisons et toutes sortes de choses qui peuvent brûler.

Quand une maison brûle, c'est un grand malheur. D'abord pour celui à qui elle appartient — on l'appelle le propriétaire ; — et puis pour ceux qui l'habitent — on les appelle les locataires. C'est un malheur pour le propriétaire parce qu'il est forcé de reconstruire sa maison, s'il a encore assez d'argent; c'est un malheur pour le locataire parce qu'il est forcé d'acheter d'autres meubles, d'autres vêtements, d'autre linge. Et puis c'est horriblement dangereux; si les habitants ne parviennent pas à se sauver, ils sont brûlés comme les meubles, comme les vêtements, comme le linge, comme la maison; ils sont brûlés... et ils meurent après avoir beaucoup souffert.

L'Incendie.

C'est pour cela que les mamans défendent toujours à leurs enfants de jouer avec le feu ; mais les enfants sont étourdis, quelquefois même désobéissants, et il y en a beaucoup qui, sans penser à mal, pour jouer, ont causé de grands malheurs. Il y en a qui font brûler du papier, ou qui retirent du feu une brindille allumée et la font tourner pour faire un « soleil » ; il y en a aussi qui font partir des allumettes. Tout cela est très imprudent, très dangereux et il ne faut plus le faire jamais, jamais. Qui sait, peut-être que le petit garçon que vous voyez là a joué avec le feu, lui aussi, et que c'est lui qui a allumé l'incendie.

Lorsque le feu a pris à une maison, on ne le laisse pas brûler tout sans essayer de l'éteindre. Vous savez tous avec quoi l'on éteint le feu ; avec de l'eau, n'est-ce pas ? Pour éteindre un tout petit feu, un seau d'eau est bien suffisant ; mais quand la maison brûle, il faut beaucoup, beaucoup d'eau, qu'on lance jusque sur les toits avec de grands tuyaux de pompe.

Dans les grandes villes il y a toujours des pompes à incendie et des hommes appelés des pompiers, qui s'en servent avec adresse. Les pompiers sont des hommes très courageux ; ils entrent dans les maisons qui brûlent, pour sauver les personnes qui s'y trouvent. Tout le monde admire les pompiers et les aime.

Dans les villages on n'a pas toujours des pompes : aussi les incendies sont-ils plus difficiles à éteindre. Tous les habitants sont obligés de s'y mettre. On rassemble au bord de la rivière, ou au bord du ruisseau, ou au bord du lac, ou au bord d'un étang, ou près des fontaines et des puits, tous les seaux que l'on peut trouver ; on les remplit ; et les villageois, placés les uns à côté des autres, en longue file, se les font passer vite, vite, et les plus rapprochés de l'incendie les vident sur le feu ; cela s'appelle faire *la chaîne*. Ils sont tout rouges, les braves gens, ils sont tout en sueur, ils sont très fatigués ; mais ils travaillent de tout leur cœur, et ils sauvent tout ce qu'ils peuvent, les personnes d'abord, les meubles et le linge ensuite.

**Questionnaire.** — Que représente cette image ? — (Un homme qui sauve un enfant d'un incendie.) — Qu'est-ce qu'un incendie ? — Pourquoi les maisons peuvent-elles brûler ? — Que fait-on pour éteindre le feu ou l'incendie ? — Comment appelle-t-on les instruments avec lesquels on lance de l'eau sur l'incendie ? — Comment s'appellent les hommes qui travaillent à éteindre les incendies ? — Quand il n'y a ni pompes ni pompiers comment fait-on ? — Pourquoi est-ce un malheur pour le propriétaire quand une maison brûle ? — Pourquoi est-ce un malheur pour les locataires ? — Pourquoi un incendie est-il si dangereux ? — Les enfants doivent-ils jouer avec le feu ? — Pourquoi les papas et les mamans défendent-ils à leurs enfants de jouer avec le feu, de faire partir des allumettes, de toucher aux lampes, aux becs de gaz ?

Résumons : Un enfant expliquera ce que c'est qu'un incendie et dira pourquoi les maisons peuvent brûler. — Un autre enfant dira comment on peut éteindre les incendies. — Un troisième dira quelles précautions il faut prendre pour empêcher les incendies. — Un quatrième racontera le trait de courage de l'homme que l'on voit sur l'image et la joie qu'il a éprouvée. — Enfin s'il y a eu un incendie dans la ville ou dans le village, et si les enfants en ont été témoins, il sera bon de le leur faire raconter. Dans leur « jargon » d'abord, pour respecter leur petite inspiration, en bon français ensuite.

## La petite ménagère.

### SECTION DES PETITS (*de 2 à 4 ans*)

Voici une jolie petite fille qui balaye la chambre. Comme il fait bien chaud — c'est l'été — elle n'a pas mis son corsage. Quand elle aura nettoyé la chambre, elle se lavera et elle finira de s'habiller. Cette petite fille se nomme Lisette.

Les deux petits garçons sont ses frères. Gustave est assis à la porte, il caresse un joli petit agneau qui s'appelle Blanchet, parce qu'il est blanc. André regarde Gustave et Blanchet; il s'appuie contre le mur et il a les mains dans ses poches.

Gustave, André et Blanchet sont trois bons camarades. Les deux petits garçons soignent bien leur petit agneau; ils le conduisent dans la prairie avant d'aller à l'école, et aussi quand ils en reviennent à quatre heures. Dans la prairie, Blanchet broute l'herbe. Il n'y a pas bien longtemps que Blanchet mange de l'herbe; avant il tétait sa maman brebis: mais à présent il est trop grand.

Il y a encore quelqu'un sur cette image. Dans le fond, presque derrière le rideau, c'est la maman qui est dans son lit. Elle est malade, la pauvre maman; il y a beaucoup de jours qu'elle reste couchée. Lisette la soigne bien, et Gustave et André sont bien sages pour qu'elle guérisse plus vite.

**Questionnaire.** — Montrez le petit agneau. — Comment s'appelle-t-il? — Montrez Gustave. — Que fait-il? — Montrez André. —

La petite ménagère.

Que fait-il? — Montrez la maman. — Où est-elle? — Pourquoi est-elle dans son lit? — Est-ce qu'il y a longtemps qu'elle est malade? — Qui la soigne? — Montrez Lisette. — Que fait-elle en ce moment? — Pourquoi n'a-t-elle pas mis son corsage? — Que mange Blanchet? — Où est-elle, cette herbe? — Pourquoi Blanchet ne tette-t-il plus sa maman brebis? — Montrez la chaise qui est près du lit de la maman. — Savez-vous qui vient s'asseoir quelquefois sur cette chaise? — (Ce sont les enfants, pour voir leur mère et la cajoler.)

On terminera par le chant de la *Ménagère* (M<sup>me</sup> Pape-Carpantier); les petits ne savent sans doute pas les paroles, mais ils feront le jeu.

## SECTION DES GRANDS (*de 4 à 6 ans*)

Cette image est charmante. Regardez-la un moment sans parler, et puis, quand vous aurez bien vu, vous m'en rendrez compte en me disant ce qui a d'abord attiré votre attention, c'est-à-dire ce que vous avez été presque forcés de regarder d'abord.

Moi qui suis une vieille maman, et qui ai depuis bien longtemps l'habitude des images, j'ai vu d'un seul coup d'œil tout ce qu'il y a sur celle-ci, et puis j'ai compris tout de suite ce que cela voulait dire.

Ainsi j'ai vu presque en même temps l'entrée d'une maison de village, avec deux mignons enfants sur le seuil (sur la pierre d'entrée) et un petit agneau couché au ras du seuil. J'ai vu la grande fille qui balaie la chambre, et, tout au fond, la mère dans le lit. Tout cela, je le répète, je l'ai vu en une seule fois; mais les enfants ne vont pas si vite et nous allons recommencer ensemble.

Nous voyons donc, par la porte ouverte, une chambre dans une maison de village. Qui sait? il n'y a peut-être pas d'autre chambre, et celle-ci, c'est toute la maison. La grande fille balaie, et la maman est dans le lit. Alors je devine que la pauvre femme est malade, parce que toujours les mamans se lèvent de bonne heure quand elles se portent bien, et qu'elles font leur lit avant que la chambre soit balayée.

Regardez-la bien, d'ailleurs, la femme qui est dans son lit, vous verrez qu'elle souffre; elle s'est assise, ne pouvant plus rester étendue. Comme elle a l'air triste !

Heureusement Lisette est une brave fille ; elle soigne bien sa mère, elle fait le ménage et elle est bonne pour ses deux frères. C'est cela surtout qui console la pauvre malade. Ce matin, Lisette a permis aux garçons de jouer devant la porte, pendant qu'elle fait la chambre. Dans un moment, elle s'occupera de leur toilette, et elle les enverra à l'école. André aura bientôt six ans. (C'est celui qui est debout, avec les mains dans ses poches.) Gustave a quatre ans seulement. Ils vont tous les deux à l'école maternelle. L'agneau s'appelle Blanchet. Il a sa petite histoire. Figurez-vous qu'il y a quelques jours Blanchet a voulu faire le fanfaron, c'est-à-dire qu'il a voulu paraître plus brave qu'il n'était, et il s'est échappé pendant que la maman brebis, le chien et le berger ne faisaient pas attention.

Quand il s'est trouvé bien loin et tout seul, il n'a pas trouvé cela drôle du tout. Il s'est mis à bêler, à bêler... Mais sa mère était bien trop loin pour l'entendre. C'est André et Gustave qui l'ont entendu comme ils sortaient de l'école. Ils sont allés vers lui, l'ont bien amadoué, ont fini par lui passer un mouchoir autour du cou et l'ont ramené chez eux.

André, qui est l'aîné et qui réfléchit plus que Gustave, se disait en route : « A qui est-il ce joli petit agneau ?

— Je le sais bien, moi, a répondu Lisette quand elle a vu Blanchet, il est à M$^{me}$ Bruneau, la femme du docteur ; il faut aller le lui rendre. Mais vous êtes trop petits pour faire cette longue course ; gardez maman, je vais y aller bien vite. »

M$^{me}$ Bruneau aime beaucoup la famille de Lisette, elle a été tout heureuse de faire cadeau de l'agneau à André et à Gustave.

Maintenant Blanchet est l'enfant gâté de la maisonnette.

**Questionnaire.** — Regardez bien cette image et dites-moi si ce qu'elle représente se passe en été ou en hiver. (Il est évident que c'est l'été; le costume de la fillette, le feuillage qui grimpe contre le mur en sont la preuve.) — Que fait Lisette? — Savez-vous pourquoi il faut balayer les chambres? — Que fait André? — Prenez la même attitude ou la même posture qu'André. — Dites-moi ce qui maintient le pantalon d'André. — Que fait Gustave? — Où est-il assis? — Comment est-il chaussé? — A-t-il les deux pieds chaussés? — Où est sa jambe droite? — Pourquoi la mère est-elle au lit? — Qui soigne les enfants pendant la maladie de leur mère? — Voit-on tout le lit? — Qu'est-ce qui empêche de le voir entièrement? — Qu'est-ce qu'il y a près du lit? (une chaise ou un tabouret). — Dites-moi à qui appartenait Blanchet avant d'être à André et à Gustave. — Racontez ce qui était arrivé à Blanchet. — Qui l'a trouvé? — Où l'ont-ils conduit d'abord? — Qu'a dit Lisette? — Qu'a-t-elle fait? — Qu'a fait Mme Bruneau? — André et Gustave jouent-ils toute la journée avec Blanchet? — Pourquoi ne jouent-ils pas toute la journée? — Décrivez la chambre. — Décrivez la toilette de Lisette. — Comment André est il habillé? — Et Gustave? — Dites tout ce que vous savez de la maman. — Dites tout ce que vous savez de Lisette. — Dites ce que vous savez d'André et de Gustave. — Racontez toute l'histoire de Blanchet.

## L'aide-cuisinier.

### SECTION DES PETITS (*de 2 à 4 ans*)

Qui me dira ce que fait ce garçon qui s'appelle Albert? Est-ce trop difficile à deviner ainsi tout d'un coup?
— Oui!
— Eh bien, dites-moi d'abord ce qu'Albert tient dans sa main droite?
— C'est un couteau.
— Très bien. Et dans sa main gauche?
— Une pomme.
— C'est cela, et je suis sûre que vous savez tous maintenant ce que fait Albert?
— Il épluche une pomme.
— Il est même très adroit. Au lieu de couper la peau en tous petits morceaux, comme font les enfants qui ne savent pas s'y prendre, il en déjà détaché une longue bande comme un ruban. Peut-être qu'il épluchera toute la pomme sans déchirer le ruban.

Pourquoi épluche-t-il la pomme? Devinons encore. Croyez-vous que ce soit pour la manger? Moi, je ne crois pas; s'il avait voulu la manger, il aurait mordu dedans. Les dents des enfants sont faites pour mordre dans les pommes. Mais, alors, pourquoi l'épluche-t-il?
— C'est pour la faire cuire, pour en faire de la marmelade ou de la confiture avec du sucre.
— Vous devinez décidément très bien, mes petits. Continuons : Ne trouvez-vous pas que c'est bien peu,

une pomme pour faire de la marmelade ou des confitures?

— Oh oui! mais il y a d'autres pommes.

— Où?

— Sur la table.

— Parfait! Comptons les pommes. Combien y en a-t-il ?
— Il y en a six. — Je pense même qu'il y en a davantage ; on ne voit pas toute la table, et il y a peut-être des pommes sur la partie qu'on ne voit pas.

Croyez-vous qu'Albert fera lui-même les confitures? Moi, je ne le crois pas. C'est très difficile. Sa maman la fera. Où est-elle, sa maman?

— Là, près du fourneau et de la fenêtre.

— Voyez-vous sa figure?

— Non, nous ne la voyons que par derrière (ou de dos).

— Savez-vous ce qu'elle fait? C'est peut-être un peu difficile à dire en une seule fois, mais faisons comme tout à l'heure : disons une chose après l'autre. D'abord, que voyez-vous sur le fourneau?

— Une casserole.

— C'est bien cela. Vous voyez aussi que la maman d'Albert tient quelque chose dans sa main droite; c'est sans doute une cuillère ou une fourchette.

— Ah oui! la maman d'Albert fait la cuisine.

— C'est tout à fait cela. Voyez-vous encore quelqu'un?

— Oui, deux personnes en dehors de la fenêtre.

— Que font-elles?

— Elles regardent ce qu'il y a dans la casserole.

— Justement, parce qu'elles veulent acheter ce que la maman d'Albert a fait cuire; peut-être que ce sont des pommes de terre; peut-être aussi que ce sont des saucisses. »

Mes lectrices se sont aperçues que j'ai changé de procédé. J'ai commencé par interroger tous les enfants. C'est qu'il est bon de

L'aide-cuisinier.

varier, et cette image se prête tout particulièrement aux questions. Les enfants, ayant tous compris, pourront formuler eux-mêmes leur pensée en quelques phrases très simples.

Albert épluche des pommes. Il se sert d'un couteau. Albert est très adroit, il détache une longue bande de peau (ou : il détache un long ruban). Albert fait bien attention ; il regarde bien ce qu'il fait (ses yeux sont baissés sur son ouvrage).

Albert aide sa maman. Albert est un petit garçon cuisinier. La maman d'Albert fera de la confiture avec les pommes. Elle mettra aussi du sucre dans sa confiture pour que ce soit meilleur.

Pendant qu'Albert épluche les pommes, sa maman fait cuire des pommes de terre ou des saucisses. Il y a des personnes qui vont en acheter. (Un des enfants les plus avancés pourra peut-être dire : La maman d'Albert fait cuire des pommes de terre ou des saucisses pour les vendre. Albert l'aide à faire sa cuisine. C'est un brave garçon.)

---

### SECTION DES GRANDS (de 4 à 6 ans)

Albert et sa maman font la cuisine, pour eux d'abord, parce qu'il faut manger pour avoir de la force ; mais aussi pour des personnes qui n'ont pas le temps de faire cuire le dîner chez eux. Ce que je dis là étonnera peut-être beaucoup les enfants du village ; au village, les mamans ou les grand'mamans ou les grandes sœurs font toujours la cuisine elles-mêmes. Les femmes ne sont pas trop occupées, et elles peuvent toujours faire les repas de la famille. Mais dans les grandes villes ! Oh ! dans les grandes villes, les mamans, les grandes sœurs et quelquefois les grand'mamans vont travailler depuis le matin jusqu'au soir dans les fabriques ; elles n'ont qu'un moment pour aller déjeuner, et elles sont bien heureuses de trouver de la viande et des légumes tout cuits.

La maman d'Albert fait la cuisine pour ces ouvrières, c'est son métier.

Elle a beaucoup, beaucoup d'ouvrage, parce que beaucoup de personnes viennent chez elle (elle a beaucoup de clients), savez-vous pourquoi ? C'est parce qu'elle soigne tout ce qu'elle fait. Elle met tout ce qu'il faut dans ses soupes et dans ses sauces; elle veille au feu pour qu'il ne soit jamais trop vif, et aussi pour qu'il ne s'éteigne pas; c'est une excellente cuisinière, et une cuisinière consciencieuse. Autrefois elle était obligée de payer une personne pour l'aider; mais depuis l'été dernier, Albert est sorti de l'école avec son certificat d'études, c'est-à-dire qu'il sait bien lire, bien écrire, bien compter, qu'il a plein la tête et le cœur des belles choses que son maître lui a apprises, et maintenant il est devenu l'aide de sa mère.

Rien qu'à le voir, on devine qu'il est propre et consciencieux comme elle. Voyez, comme il a la tête propre, comme sa cravate est bien nouée, comme ses souliers sont bien cirés, et comme il s'applique à bien éplucher sa pomme ! Et vous croyez peut-être qu'il reste toujours assis sur sa chaise à éplucher les fruits et les légumes ou à nettoyer les couteaux ? Pas du tout ! Comme il est bien instruit, il va faire le marché le matin et ne se trompe pas dans ses comptes. Et puis, comme il est fort, il porte le lourd panier plein de provisions.

Grâce à Albert, la brave cuisinière ne se fatiguera plus autant pour gagner sa vie et celle de sa famille.

**Questionnaire.** — Pourquoi y a-t-il des personnes qui achètent leur nourriture toute cuite ? — Est-ce à la ville ou au village qu'on achète sa nourriture toute cuite ? — Pourquoi n'est-ce pas au village ? — Pourquoi est-ce en ville ? — Dites ce que fait Albert. — Que fera-t-on avec ces pommes ? — Que fait sa maman ? — A quoi devinez-vous que quelque chose cuit dans la casserole ? (La vapeur blanche s'en élève.) — Est-ce qu'Albert ne sait faire que la cuisine ? — Racontez-nous tout ce qu'il sait encore. — Où l'a-t-il appris ? — S'il était un petit ignorant, pourrait-il faire le marché ? — Dites pourquoi. — Qu'est-ce que l'on est quand on s'applique à bien faire tout ce que l'on fait ? (On est consciencieux.) — Quand on fait bien tout ce qu'on fait, qu'est-ce que l'on entend au dedans de soi, dans son cœur ? (Quelque chose qui vous dit : c'est bien, et qui vous rend heureux.) — Et quand on a mal fait ? (Quelque chose qui vous dit :

c'est mal.) Ce quelque chose qui vous dit : c'est bien ou c'est mal et qui vous rend heureux ou malheureux, c'est la conscience. Un enfant consciencieux est celui qui entend toujours sa conscience. Cette notion de la conscience est de la plus haute importance en éducation. Il faut y revenir *toujours*, mais au bon moment.

Faire décrire l'attitude d'Albert. Faire décrire la table, la cuisinière, les clients. Faire dire à un enfant tout ce qu'il voit, et tâcher de lui faire reproduire les commentaires.

## La main chaude.

### SECTION DES PETITS (de 2 à 4 ans)

Avant de montrer cette image aux enfants, je les initierais d'abord au jeu de la « main chaude », et je leur en ferais faire quelques bonnes parties.

Est-il besoin de rappeler ici les combinaisons si enfantines de ce jeu?

Un des joueurs, le patient, cache sa figure sur les genoux d'une personne de bonne volonté, en tenant sur son dos sa main ouverte. Chacun des joueurs s'approche sans bruit et lui donne une tape dans la main. Il s'agit de reconnaître ou de deviner qui a frappé. Celui qui a été reconnu prend alors la place du patient. Pourquoi ce jeu s'appelle-t-il la « main chaude »? Eh! mon Dieu! c'est que certains joueurs tapent un peu fort!

Donc les enfants connaissent la « main chaude » aussi bien que vous et moi (condition essentielle pour qu'ils comprennent quelque chose à l'image ci-dessous), vous la leur montrez, et... les voilà causant.

« Y en a-t-il des enfants sur cette image! Il y en a: un, deux, trois, quatre, cinq, six, sept..., huit.

— Non, je n'en vois que sept. — C'est que tu ne comptes pas la petite fille qui est cachée derrière le fauteuil..., on ne voit que sa tête. — C'est vrai; comptons, maintenant : un, deux, trois, quatre, cinq, six, sept...

— Et le huitième, tu ne le vois donc pas, couché sur les genoux de la dame? Tu ne vois donc pas la main ouverte sur son dos? — Ah! oui, ils jouent à la main chaude!

— C'est très bien. La maman a bien voulu prêter ses genoux pour qu'on se cache dessus; un des garçons a dit d'un air crâne qu'il voulait recevoir la première tape, et tout le monde s'est mis de la partie. Léonie, qui a quatre ans, veut que sa poupée donne un « grand » coup sur la main de Charlot; Claire et Louis veulent frapper tous les deux à la fois, le grand frère Émile dit à Louis : « Ce n'est pas ton tour; » Jeanne, qui était derrière le fauteuil, s'approche pour donner une chiquenaude; bébé entend bien faire comme les grands; il arrive à quatre pattes; enfin Valentine, la grande sœur aînée, appuyée sur le dossier du fauteuil, regarde le jeu; elle sourit, et je suis sûre que bientôt elle jouera aussi, et la maman aussi, et..., qui sait? le papa aussi, s'il rentre bientôt.

L'explication est faite et elle suffit aussi bien pour les enfants de cinq à six ans que pour les petits.

**Questionnaire.** — Qui veut jouer à la main chaude? — Où est le plus grand ou la plus grande d'entre vous? — Que le plus grand ou la plus grande vienne s'asseoir sur cette chaise, au milieu de la classe (ou du préau, ou de la cour). — Qui veut recevoir les tapes? — C'est bien; place-toi comme sur l'image. Et maintenant jouons sans nous faire mal. — Combien êtes-vous, jouant à la main chaude? — Combien y en a-t-il sur l'image? — Y a-t-il ici un bébé aussi jeune que celui de l'image? — A quoi reconnaîtrez-vous que vous êtes tous plus grands? (Le bébé ne sait pas encore marcher.) — Pourquoi a-t-il un bourrelet sur la tête? — Pourquoi n'en avez-vous pas? — Est-ce qu'il n'y a que des enfants sur cette image? (Il y a une maman et une poupée.) — La poupée pourrait-elle jouer toute seule à la main chaude? — Voulez-vous faire une autre partie de main chaude?

---

## SECTION DES GRANDS (de 4 à 6 ans)

La maîtresse appellera l'attention des grands sur quelques détails. Tous les enfants ont la tête nue; mais Bébé

La main chaude.

a une espèce de chapeau rond qu'on appelle un bourrelet. Sa maman le lui a mis pour qu'il ne se fasse pas mal à la tête s'il tombe ou s'il se cogne. Mais... il y a des mamans qui pensent que le bourrelet empêche les bébés de devenir prudents, et elles ne leur en mettent pas. En effet, quelque petit qu'on soit, quand on s'est fait du mal, on s'en souvient, et l'on fait attention...

Ces huit enfants jouent ensemble au même jeu. Ils ont bien raison; ils se sont entendus à l'avance; ils se sont mis d'accord. On s'amuse bien plus et bien mieux lorsque l'on est nombreux.

Quoique les petits enfants soient un peu espiègles, et qu'ils aiment à faire de petites niches, on espère bien que pas un ne frappera *trop* fort et ne fera de mauvaise plaisanterie, comme par exemple de piquer son camarade avec une épingle au lieu de lui donner une tape. Ce ne serait pas fraternel. Entre frères et sœurs, entre camarades, il faut toujours être de bons enfants.

La petite Léonie aime sa poupée et elle veut lui faire prendre sa part de plaisir; elle est généreuse et pas égoïste.

Tous ces enfants font plaisir à voir. Comme leur maman doit les aimer et comme ils doivent aimer leur maman!

**Questionnaire.** — Expliquez comment on joue à la main chaude. — Pourquoi ce jeu s'appelle-t-il la main chaude? — Est-ce gentil, de frapper trop fort, ou de pincer, ou de piquer en jouant à la main chaude? — Comment appelle-t-on ceux qui font des niches? — Est-ce mal d'être espiègle? — Quand est-ce mal? — Quand n'est-ce pas mal? — Pourquoi certaines mamans mettent-elles des bourrelets sur la tête de leurs bébés? — Pourquoi d'autres mamans ne mettent-elles pas de bourrelets sur la tête de leurs bébés. — Dites ce que l'on apprend quand on est tombé ou qu'on s'est cogné? — Qu'est-ce que l'on est quand on aime à faire plaisir aux autres? — Et quand on n'aime pas à leur faire plaisir? — A qui Léonie veut-elle faire plaisir en ce moment? — Tâchez de vous placer comme sur l'image. — Quand on se rapproche aussi les uns des autres, on se groupe. — Groupez-vous comme sur l'image. — Essayez de vous grouper d'une autre manière. — Et encore d'une autre.

## Le secret de Félix.

### SECTION DES PETITS (de 2 à 4 ans)

Ce petit garçon qui s'appelle Félix raconte quelque chose à sa maman. Chut! il ne faut pas que personne entende. Il a mis sa bouche tout près de l'oreille de sa maman, et comme il est tout petit, il a été obligé de monter sur la table.

Chut! c'est un secret.

Félix a grimpé sur la table; les mamans n'aiment pas cela; d'abord parce que les enfants qui grimpent sur les tables peuvent tomber; ensuite parce que ce n'est pas propre, avec des souliers couverts de poussière et quelquefois de boue.

Non! les mamans n'aiment pas que leurs enfants montent sur les tables; et pourtant la maman de Félix n'a pas l'air fâché; elle rit de bon cœur, quoique ce petit gamin lui ait enlevé son bonnet en lui entourant le cou avec ses bras.

Si la maman de Félix ne se fâche pas, c'est que le secret est très joli. Que peut-il donc lui dire?

Moi, je le sais; Félix raconte à sa maman que les hommes et les animaux du cirque viennent d'arriver. Les chevaux, montés par des hommes et des femmes habillés en soie, en or et en argent; les éléphants, la grande cage des lions seront bientôt sur la place, il les a vus!

Et puis... ce soir, il y aura une représentation...

« Tu voudras bien m'y conduire, n'est-ce pas? J'ai été sage à l'école, et puis j'aime maman de tout mon cœur. »

Que répondra la maman de Félix? Dira-t-elle oui? ou non?

Je suis sûre qu'elle dira oui. Elle est si heureuse d'avoir les bras de son cher petit autour du cou, et sa chère petite tête contre la sienne, qu'elle oublie même son fer à repasser, et peut-être que sa serviette sera brûlée.

**Questionnaire.** — Comment s'appelle ce petit garçon? — Sur quoi est-il monté? — Pourquoi est-il monté sur la table? — Comment parle-t-on quand on dit un secret? — Pourquoi parle-t-on tout bas quand on dit un secret? — Qu'est-ce que Félix raconte à sa maman? — Qu'est-ce qu'il lui demande? — Que verra-t-il au cirque? — Est-ce que les mamans aiment que leurs enfants montent sur les tables? — Pourquoi n'aiment-elles pas? — Alors la maman de Félix va gronder son petit garçon? — Pourquoi ne le grondera-t-elle pas? — Montrez ce que Félix a renversé? — Qu'est-ce qu'il y avait sur la chaise? — Dites tout ce que vous voyez sur la table? — Montrez le bonnet de la maman de Félix. — Pourquoi n'est-il pas sur sa tête?

**Observations pour les maîtresses.** — Les grands décriront l'image comme les petits; le commentaire des paragraphes précédents suffit; mais on peut y ajouter quelques notions instructives, telles que celles qui font le sujet du chapitre suivant.

---

### SECTION DES GRANDS (de 4 à 6 ans)

La maman de Pierre a fait la lessive. C'est-à-dire qu'elle a blanchi le linge. C'est joli, du linge blanc, et puis c'est bon pour la santé. Quand le linge a été lavé et qu'il est sec, il est tout *froissé;* pour le rendre bien uni, on le *repasse* avec un *fer* chaud. Quand le linge est trop sec, il ne se repasse pas aussi bien, alors la *repasseuse* trempe ses doigts dans l'eau et elle jette quelques gouttes sur le linge. C'est pour cela qu'il y a un *bol* sur la table. Heureusement que Félix ne l'a pas renversé.

Le secret de Félix.

A mesure que le linge est repassé et plié, la maman de Félix le met sur une chaise en attendant de le renfermer dans l'armoire. Félix a renversé la chaise, et le linge se salira un peu, quoique la cuisine ait l'air propre ; car il y a toujours un peu de poussière sur le carreau ou sur le parquet. On ne voit qu'une partie de la cuisine : la table, l'armoire, deux chaises, l'étagère avec le pot à soupe et un pot à confitures.

Repasser le linge, c'est faire passer et repasser dessus un fer chaud.

La repasseuse est la personne qui repasse.

La table, les chaises, l'armoire sont des meubles.

Les meubles doivent être propres comme le linge.

Tous les enfants ont vu du linge et des meubles ; mais tous n'ont pas vu un cirque.

Un cirque, c'est un théâtre où tout le monde est placé en rond pour voir des exercices de gymnastique faits par les hommes et les animaux, surtout par des chevaux.

Les personnes qui regardent sont les *spectateurs*.

Dans les cirques on montre aussi des animaux des pays étrangers : des singes, des lions, des tigres, des serpents énormes ; ceux qui sont dangereux, les *animaux féroces*, sont dans des cages. Les éléphants — qui effrayent les enfants à cause de leur grosseur — ne sont dangereux que pour les personnes qui leur font du mal.

Les hommes qui montent sur les chevaux, et qui font des exercices pendant que le cheval galope, sont des *écuyers ;* les femmes sont des *écuyères*.

Il y a toujours dans les cirques des hommes qui font des drôleries pour faire rire les spectateurs. On les appelle les clowns (prononcez *claouns*).

Les pauvres petits enfants qui font les exercices dans les cirques sont à plaindre. Ils ont souffert pour apprendre à contourner leurs membres.

Les petits enfants de l'école maternelle ne doivent pas les envier, et le cirque serait bien plus gai si ces pauvres petits n'y étaient pas.

**Questionnaire.** — Qu'est-ce que faire la lessive ? — Pourquoi fait-on la lessive ? — Dès qu'on a sorti le linge de l'eau que fait-on ? — Comment appelle-t-on le linge qui n'est plus mouillé ? — Que fait-on quand le linge est sec ? — Pourquoi repasse-t-on le linge ? — Comment appelle-t-on la personne qui repasse le linge ? — Avec quoi repasse-t-elle ? — Est-ce que le linge très sec se repasse aussi bien que celui qui est un peu mouillé (humide) ? — Alors que fait-on avant de repasser du linge trop sec ? — Comment appelle-t-on la personne qui repasse le linge ? — Et celle qui le lave ? — Qu'est-ce que c'est que repasser le linge ? — Montrez les meubles de la mère de Félix. — Qui de vous a vu un cirque ? — Quelle est la forme d'un cirque ? — Qui fait les exercices dans les cirques ? — Comment appelle-t-on les hommes qui font des exercices sur les chevaux ? — Et les femmes, comment les appelle-t-on ? — Comment s'appellent ceux qui font rire les autres dans les cirques ? — Quels animaux montre-t-on dans les cirques ? — Sont-ils tous dangereux ? — Quels sont ceux qui ne sont pas dangereux ? — Est-ce bien facile à apprendre tous les tours de force et d'adresse que l'on fait dans les cirques ? — Les petits enfants qui font des exercices dans les cirques sont-ils heureux ? — Comment appelle-t-on un théâtre où tout le monde est placé en rond et où des hommes et des animaux font des exercices ? — Maintenant dites ce que c'est qu'un cirque ; ce que c'est qu'un écuyer et une écuyère ; ce que c'est qu'un clown. — Dites ce que c'est qu'un secret. — Comment dit-on les secrets ? — Quel secret Félix raconte-t-il à sa mère ? — Faut-il raconter les vrais secrets ?

Faire dire par un seul enfant toutes les idées que cette image lui a suggérées.

## Le portrait de la vache.

**SECTION DES PETITS** (*de 2 à 4 ans*)

Peut-être que ce qui frappera d'abord les enfants, c'est la femme noire qui, les mains sur les hanches, regarde dessiner la petite fille assise sur la grosse pierre.

Cette femme noire, c'est une négresse qui est venue de de son pays, bien loin, bien loin : un pays où il fait toujours plus chaud que chez nous en été. Je suis presque sûre que cette négresse est la nounou de la petite fille. C'est une belle femme que cette nounou ; et puis elle s'habille très proprement et très joliment. Elle a caché son chignon sous un mouchoir à carreaux, et elle en a mis aussi un sur ses épaules ; son cou et ses bras sont nus et presque aussi noirs que du cirage.

La petite fille s'appelle Éva, elle est venue à la campagne avec sa nounou. Comme il y a du soleil, sa maman lui a mis un chapeau de paille à larges bords. Elle a sur les épaules un fichu noir qui s'attache derrière à la taille. Vous voyez le nœud et les bouts du fichu.

Éva sait très bien dessiner. Quand elle était toute petite, elle demandait toujours à sa maman du papier et un crayon. D'abord elle ne faisait que griffonner ; mais peu à peu elle a appris, et maintenant elle fait le portrait de la vache.

Il faut que la vache reste bien tranquille, autrement le portrait ne serait pas ressemblant. Sa maîtresse, la

Le portrait de la vache.

jolie paysanne, lui a passé son bras sur le cou pour l'empêcher de bouger.

Comme elle est gentille la paysanne avec sa figure et son cou si blancs et son joli jupon rayé. Elle est bien plus jolie que la nounou ; mais elle n'a pas meilleur cœur que la brave négresse.

Éva travaille ; elle regarde la vache avec attention pour la faire bien ressemblante ; la nounou et la paysanne regardent la petite fille, et la nounou est fière d'Éva. Mais voilà deux oies qui ne comprennent rien du tout au dessin, et qui vont tout déranger ; elles crient de toute la force de leur gosier, et je crois qu'elles vont sauter sur le dessin. Elles sont très bêtes ces oies.

**Questionnaire.** — Montrez la femme noire. — Avez-vous déjà vu des images représentant des personnes noires? — L'image que vous avez vue dans ce livre représentait-elle une femme noire ou un homme noir? — Comment appelle-t-on les femmes noires? — Comment appelle-t-on les hommes noirs? — Est-ce que la négresse connaît la petite fille qui a le grand chapeau rond? — Pourquoi la connaît-elle? — Que fait la petite fille? — Montrez la vache. — Montrez le portrait. — Montrez la jolie paysanne blanche. — Montrez les oies. — Combien y en a-t-il? — Que font-elles? — Est-ce qu'Éva est bien contente d'avoir ces deux oies tout près d'elle? — Pourquoi n'est-elle pas contente?

## SECTION DES GRANDS (de 4 à 6 ans)

Cette image peut donner lieu à plusieurs causeries avec les grands :

1° Les nègres et les blancs.

Toutes les personnes que voient les enfants, soit dans la ville, soit au village, toutes celles qu'ils connaissent ont la peau plus ou moins foncée, les yeux gris, bleus, noirs, marrons, etc., les cheveux blonds, noirs ou châtains, mais ce sont des *blancs*. Les Français sont des *blancs* ; il n'y a pas un seul Français qui ressemble à la nounou de la petite Éva.

Il y a, au contraire, des pays où tout le monde est noir comme la nounou. Tous ceux qui sont nés dans ces pays ont entre eux une certaine ressemblance, leurs cheveux sont laineux ou crépus, ils ont la peau et les yeux noirs. Ce sont des *nègres*.

Les animaux du pays des nègres ne sont pas les mêmes que ceux de chez nous. Ainsi il n'y a ni tigres, ni lions, ni girafes, ni éléphants, ni serpents énormes chez nous, excepté dans les ménageries ; mais il y en a dans des pays habités par les nègres.

Les plantes non plus ne sont pas les mêmes qu'en France. En France, par exemple, il n'y a pas de cannes à sucre, tandis qu'il y en a dans le pays des nègres. Aussi, quand les voyages étaient bien plus longs qu'aujourd'hui et qu'on ne savait pas faire du sucre avec les betteraves, il fallait être très riche pour manger du sucre ; les petits enfants de ce temps-là ne mangeaient pas des bonbons comme les petits enfants d'aujourd'hui.

2° Les animaux.

Il y a la vache dont Eva fait le portrait. La bonne bête a l'air de comprendre qu'il faut rester bien tranquille. Elle a les yeux très doux. Et cependant les enfants ont quelquefois peur de ses cornes qui sont pointues et dures. Les vaches ont des cornes pour se défendre contre ceux qui veulent leur faire du mal ou qui les effraient.

Les vaches ont beaucoup de force. Elles peuvent traîner des charrettes très chargées ; elles peuvent être attelées à la charrue qui sert à retourner la terre pour les semailles.

Les vaches se nourrissent d'herbe ; elles ont du lait excellent. Ce lait, c'est pour nourrir leur petit veau. Dès qu'il ne tette plus, c'est nous qui buvons le lait ou qui mangeons le beurre et le fromage. Avec la peau des vaches on fait du cuir pour les souliers.

3° Les oies.

Tous les enfants des campagnes ont vu des oies se promenant en troupeaux par les chemins ; ceux des petites villes en ont vu aussi. Ceux des grandes villes en ont, au moins, vu de mortes suspendues aux étalages des marchands de volaille. Les uns et les autres savent donc que l'oie est un gros oiseau au long cou, aux pattes semblables à celles des canards, — des pattes palmées qui leur permettent de nager au besoin (les oies n'en abusent pas), et ils ont certainement entendu dire plusieurs fois : « Bête comme une oie ».

Eh bien, les oies ne sont pas tout à fait aussi « bêtes » qu'elles en ont l'air ; elles couvent très soigneusement leurs œufs et elles soignent très bien leurs oisillons. Et puis, elles aiment beaucoup la société de leurs pareilles. Et comme elles bavardent à leur manière ! C'est à qui fera le plus de bruit. Je crois même que c'est parce qu'elles font tant de bruit, et qu'elles ont l'air de faire leurs embarras qu'on les croit si bêtes.

Les oies ne sont pas difficiles à nourrir ; elles se contentent de tout ce qu'on leur donne et de ce qu'elles trouvent en fouillant avec leur bec le long des chemins et au bord des ruisseaux. Les gens pauvres peuvent donc en élever, et elles leur sont très utiles. Leur chair est très bonne, rôtie ou conservée dans la graisse ; leur graisse est excellente, beaucoup meilleure que celle du porc ; avec leur foie on fait des pâtés succulents. Leurs plumes, les plus petites et les plus fines, qu'on appelle leur *duvet*, servent à faire des coussins et des édredons.

4ᵇ Le portrait.

Les portraits sont les images des personnes; ils leur ressemblent. Aussi l'on est très heureux d'avoir dans la maison les portraits des personnes que l'on aime. Les parents font faire, quand ils le peuvent, le portrait de leurs enfants, et les enfants aiment bien à avoir près de leur lit le portrait de leur papa et de leur maman.

Lorsque ceux que nous aimons sont loin de nous, leurs portraits nous tiennent presque compagnie. Quelquefois même nous leur parlons et nous leur envoyons des baisers, quoique nous sachions bien qu'ils ne voient pas et qu'ils n'entendent pas.

Autrefois il fallait être très riche pour avoir les portraits de ceux que l'on aimait, parce qu'un portrait était très long à faire, et qu'il fallait avoir beaucoup de talent pour lui donner la ressemblance. Aujourd'hui qu'on a inventé un moyen de représenter instantanément les personnes et les choses, les portraits sont à bon marché, et presque tout le monde en fait faire. Ne serait-ce que pour cela, nous sommes plus heureux que nos grands-parents ne l'ont été.

**Questionnaire.** — Qu'est-ce qu'un nègre? — Pourriez-vous me parler du nègre Bob, l'ami de la petite Hélène? — Dites-moi ce que vous savez de la négresse qui est avec Éva. — Nommez-moi des animaux du pays des nègres. — En avez-vous vu? — Où? — Dites-moi d'où vient la canne à sucre? — Pourquoi le sucre était-il très cher autrefois? — Avec quoi fait-on du sucre maintenant chez nous? (Montrer une image représentant la canne à sucre; montrer aussi une graminée à grosse tige pour que les enfants comprennent mieux ce que vous leur direz de la canne à sucre. — Montrer une betterave.) — Avez-vous peur des vaches? — Pourquoi en avez-vous peur? — (Donner des conseils de prudence.) — A quoi nous servent les vaches? (Vaches de trait, de labour; vaches laitières; la peau de la vache.) — Avez-vous vu des oies? — Dites les ressemblances qui existent entre les oies et les canards. — Que fait-on avec les petites plumes des oies? — Comment fait-on cuire les oies? — Dites ce qui vous fait penser que les oies ne sont pas si bêtes qu'elles en ont l'air. — Pourriez-vous dire ce que c'est qu'un portrait? — Y a-t-il des portraits chez vous? — Qui représentent-ils? — De qui la petite Éva fait-elle le portrait? — Y a-t-il ici un enfant dont on ait fait faire le portrait? — Toi, mon petit (ou ma petite), montre-nous comment tu étais posé.

## Les Chèvres.

### SECTION DES PETITS (*de 2 à 4 ans*).

Sur cette image il y a une chèvre, son chevreau et puis le garçon qui les garde.

Avez-vous déjà vu des chèvres? Oui, vous devez en avoir vu; il y en a à la campagne, et l'on en rencontre même dans les rues de Paris.

Elles y viennent pour donner du lait aux petits enfants.

Cette chèvre et son chevreau sont dans la montagne; la maman et son petit ont gambadé depuis le lever du soleil; le berger s'est fatigué à les suivre; maintenant il se repose, il va manger son déjeuner qui est dans son sac, et comme madame la chèvre voulait courir encore, il l'a attachée à un morceau de bois planté dans la terre. M. le chevreau n'est pas attaché, mais il restera près de sa maman, parce qu'il a envie de téter.

Le chevrier que vous voyez sur cette image s'appelle Louis; il ne garde pas les chèvres toute la journée; c'est son petit frère qui les garde quand il rentre de l'école.

Leur papa, qui habite la chaumière que vous voyez au fond à droite, n'a pas d'ouvriers pour cultiver son jardin et son champ. Louis l'aide, il est aussi très habile pour faire du fromage avec le lait de ses chèvres.

Dans les grandes villes on attelle les chèvres à de jolies petites voitures; les enfants aiment beaucoup à monter

Les chèvres.

dans ces voitures et à se faire promener dans les jardins publics. C'est amusant et c'est joli. Mais quand on charge trop la voiture, quand on fait traîner aux pauvres bêtes un poids trop lourd, c'est cruel.

**Questionnaire.** — Montrez le petit de la chèvre. — Comment s'appelle le petit de la chèvre? — Montrez la maman. — Pourquoi est-elle attachée? — Qui l'a attachée? — Pourquoi le berger a-t-il attaché la chèvre? — Pourquoi n'a-t-il pas attaché le chevreau? — Avez-vous vu des chèvres? — Que viennent-elles faire dans les rues? — Qui a bu du lait de chèvre? — Montrez la chaumière. — Avez-vous vu des voitures traînées par des chèvres? — Êtes-vous montés dedans? — Qu'est-ce que l'on est quand on charge trop la voiture?

---

### SECTION DES GRANDS (de 4 à 6 ans)

Vous êtes bien sûrs que vous voyez là une chèvre et un chevreau? Aucun de vous ne me dit que c'est une brebis et son agneau? Ne vous étonnez pas trop de ma question; je connais des enfants un peu... étourdis qui ne regardent pas très bien, et qui se trompent par conséquent; mais vous, vous êtes attentifs, vous savez bien regarder, vous pouvez donc me dire à quoi vous avez reconnu que cette image représente vraiment une chèvre et son chevreau.

D'abord les chèvres ont du poil sur le corps et pas de la laine. Ce poil est long et ressemble un peu à de la soie qui serait grosse et dure, on dit, à cause de cela qu'il est soyeux. Il ressemble si bien à la soie que les étoffes de poil de chèvre sont brillantes (on pourrait ici montrer aux enfants un morceau d'alpaga). Ensuite la chèvre a de la barbe au menton, une vraie barbe, longue, comme celle de certains papas. Les moutons n'ont pas cette barbe.

Et puis, voyez les jambes de la chèvre; elles sont plus longues que celles des moutons, plus minces; la chèvre a l'air d'être moins lourde. Elle est plus élégante.

Elle est plus intelligente aussi que le mouton, elle fait mieux connaissance avec les personnes qui la gardent; elle aime qu'on la caresse, c'est un animal intéressant.

Mais pas facile à garder du tout. Les chèvres aiment à vagabonder, c'est-à-dire à courir de côté et d'autre sans obéir à ceux qui les gardent; et comme elles ne sont ni timides ni peureuses, je vous assure qu'il n'est pas facile de les suivre.

A chaque instant, de petites idées folles leur passent par la tête. Dès qu'elles voient un petit sentier — un petit chemin — bien dangereux qui monte jusqu'au sommet de la montagne, de ces sentiers que les hommes appellent des « sentiers de chèvres », dans lesquels ils n'osent pas passer, elles s'élancent pour grimper. Les rochers pointus qui s'élèvent au-dessus des précipices — de grands trous dans les montagnes — les attirent, — c'est-à-dire que c'est presque comme s'ils lui disaient : Venez! venez! — Elles s'ennuient dans les belles prairies toutes plates, où les moutons se trouvent si heureux.

Aussi faut-il avoir toujours les yeux sur elles, il faut les surveiller comme le lait sur le feu. Le chevrier, qui a bien envie de déjeuner tranquillement en regardant la belle campagne autour de lui et tout au loin, a planté en terre un morceau de bois, auquel il a solidement attaché la corde qui passe autour du cou de la chèvre; maintenant elle ne peut s'échapper; le garçon va tirer de son sac le pain et le fromage qu'il a apportés pour son repas.

Je vois bien que la chèvre est attachée, mais pas le chevreau.

Est-ce que par hasard le chevreau serait plus sage que sa maman? Est-ce qu'il n'aurait pas envie, comme elle, de grimper jusqu'au haut de la montagne, ou de s'installer sur les rochers pointus? Non, il n'est pas plus sage, mais son gardien sait d'abord que le chevreau ne peut pas s'échapper aussi loin que sa mère, parce que ses jambes ne sont pas assez fortes et qu'il ne sait pas aussi bien grimper. Ensuite ce qui le rassure le plus, c'est que la chèvre porte la bouteille au « lolo ». Le petit sait bien qu'il ne pourrait pas téter s'il s'éloignait de sa nourrice.

Et il est si bon ce lait ! Il est bon pour le chevreau ; il est bon aussi pour les enfants. — Vous avez bien vu, quand le troupeau de chèvres passe dans la rue, les mamans arriver avec leur bol, que le chevrier remplit de lait au pis même de la bête ? — Le lait est bon aussi pour faire du fromage.

D'ailleurs il serait bien sot de s'éloigner de sa mère, le petit chevreau, car elle l'aime beaucoup et en prend bien soin. Elle s'attache même aux petits enfants qu'elle nourrit.

Cela vous étonne ? Eh bien, c'est pourtant très vrai ! Il y en a qui nourrissent des enfants. Ces bébés tettent la chèvre comme les bébés tettent leurs nounous. Et il faut voir comme ces bonnes nourrices à quatre pattes prennent des précautions, pour ne pas faire de mal à leurs nourrissons, surtout en leur donnant des coups de tête. Il faut voir aussi comme elles accourent quand elles les entendent crier.

Cette brave bête a d'autres qualités encore ; elle n'est pas difficile à nourrir ; elle broute l'herbe courte qui pousse parmi les pierres de la montagne ; elle aime les ronces, les bruyères ; elle aime le foin que l'on donne aux vaches et aux chevaux dans l'étable ; elle aime aussi les pommes de terre, les carottes, le sucre et surtout le sel. Mais elle ne mange qu'à une condition : c'est que la nourriture soit propre, et que les personnes qui la leur donnent soient propres aussi. Elle refuse tout ce qu'on lui offre avec des mains sales. Quelle bonne leçon elle donne aux petits enfants !

**Questionnaire.** — Dites les différences qui existent entre les chèvres et les moutons. (La chèvre a le poil soyeux, au lieu de laine, de la barbe au menton, les jambes plus minces, elle est plus intelligente.) — Pourquoi les chèvres sont-elles plus difficiles à garder que les moutons? — Qu'est-ce qu'un sentier de chèvres? — Est-ce que le chevreau est plus raisonnable que sa mère? — Alors pourquoi le chevrier ne l'a-t-il pas attaché? — Que fait-on avec le lait de chèvre? — Est-ce que les chèvres ne nourrissent que des chevreaux? — Que mangent les chèvres? — A quelle condition les chèvres mangent-elles ce qu'on leur offre? — Disons maintenant ce que nous savons sur les chèvres.

Les chèvres ont du poil. — Les chèvres ont les jambes fines. — Les chèvres sont intelligentes, elles font connaissance avec les personnes. — Les chèvres sont difficiles à garder parce qu'elles aiment à courir de côté et d'autre; elles aiment à vagabonder, à grimper. — Les chèvres s'ennuient dans les prairies plates. — Les chèvres donnent du lait excellent; le lait des chèvres nourrit les chevreaux, quelquefois il nourrit des enfants. On en fait aussi du fromage. — Les chèvres ne sont pas difficiles à nourrir pourvu que la nourriture soit propre, et qu'on la leur offre avec des mains propres. — On fait des chaussures avec la peau de la chèvre et des gants avec la peau du chevreau.

## Le compliment pour la grand'mère.

### SECTION DES PETITS (*de 2 à 4 ans*)

Je vois une vieille dame dans un fauteuil, et un petit garçon appuyé sur les genoux de la vieille dame.

La vieille dame est la grand'maman du petit garçon, qui se nomme Robert.

C'est le jour de l'an. Robert s'est éveillé de bonne heure, il a grimpé dans le lit de son papa et de sa maman pour leur souhaiter une bonne année. Puis il s'est laissé habiller sans broncher, et quand il a été bien propre et bien beau, il a couru chez sa grand'mère.

Il lui récite un compliment. Voulez-vous le dire avec lui?

> Ma bonne maman,
> Je veux être sage
> Autant qu'une image :
> C'est mon compliment
> Pour ton nouvel an.

**Questionnaire.** — Montrez la grand'maman de Robert. — Faites voir son bonnet, les brides de son bonnet. — Montrez Robert. — Montrez son grand col, sa ceinture. — Où met-on les bonnets? — A quoi servent les brides des bonnets et des chapeaux? — Où met-on les cols? — Où met-on les ceintures? — A quoi servent-elles? — Que fait Robert? — Récitez, vous aussi, le compliment.

---

### SECTION DES GRANDS (*de 4 à 6 ans*)

Le matin du premier jour de l'an, le petit Robert s'est éveillé de bonne heure, il s'est laissé habiller sans se

Le compliment de la grand'mère.

faire gronder une seule fois, et, lorsqu'il a eu terminé sa toilette, vite, vite, il est allé frapper à la chambre de sa bonne vieille grand'mère.

Il était pressé d'avoir ses étrennes, pensez-vous, et vous ne vous trompez pas; quoique Robert n'ait encore que cinq ans, il sait très bien que c'est dans la chambre de sa grand'mère qu'il trouve toujours les meilleures gâteries! Cependant quelque chose préoccupait sa petite tête, plus encore que l'idée des étrennes. Ce quelque chose, c'est un compliment qu'il avait appris pour sa chère vieille bonne maman.

Oh! ce compliment, si vous saviez combien il avait tracassé le petit garçon!

Robert voulait faire une surprise à sa grand'mère, mais, là, une vraie surprise, dont personne ne saurait un seul mot.

Mais il ne sait pas lire encore, et comment apprendre quelque chose tout seul, quand on ne voit sur les livres que du noir et du blanc? Robert a donc compris qu'il fallait mettre quelqu'un dans son secret; il s'est confié à sa bonne, avec laquelle il sort tous les après-midi. La bonne a acheté un livre tout plein de compliments, on en a choisi un très court, et les leçons ont commencé.

Mais que c'était donc difficile! il y avait des mots que Robert ne comprenait pas du tout, ni la bonne non plus, et, malgré leur bonne volonté à tous les deux, il y avait huit jours que le malheureux compliment était choisi, il y avait huit jours que la bonne serinait à Robert :

> Dans ce jour plein d'allégresse
> Qui remplit nos cœurs d'espoir,...

et l'enfant n'était pas capable de dire sans faute ces deux premières lignes.

Enfin il s'exaspéra : « Je veux dire à grand'mère que je serai toujours sage, et ça n'est pas dans ce que tu me fais apprendre ! Grand'mère ne comprendra pas ! Ton compliment est vilain, je n'en veux plus. »

Et l'enfant fondit en larmes.

« Tu as pleuré », lui dit sa grande sœur de treize ans quand il rentra.

Robert baissa la tête.

« Es-tu tombé, ou n'as-tu pas été sage ?

— Je ne suis pas tombé, et j'ai été bien sage, mais...

— Mais... quoi ?

— C'est ce vilain compliment !...

— Quel compliment ?

— C'est un secret », s'écria Robert en pleurant à chaudes larmes.

Isabelle est une grande sœur très bonne, très tendre : elle prit son petit frère sur ses genoux, et Robert, en sanglotant, lui raconta toute l'histoire.

« Console-toi, mon petit chéri, j'en inventerai un bien facile, exprès pour toi, et tu l'apprendras sans faute en dix minutes.

— Invente tout de suite, ma sœur mignonne, tout de suite !...

— Patience ! il faut d'abord que j'aille dans ma chambre toute seule, et que je cherche pendant très longtemps. Va t'amuser ; si tu ne me tracasses pas du tout, ce sera plus vite fait. »

Robert demanda alors qu'on lui donnât sa grande boîte de soldats de plomb, et sa sœur le laissa les rangeant en bataille.

« Tiens ! voilà ton affaire, dit Isabelle en rentrant dans la chambre au bout de quelques instants.

— Dis vite, supplia Robert.

> Ma bonne maman,
> Je veux être sage
> Autant qu'une image.
> C'est mon compliment
> Pour ton nouvel an

Parlez-moi de ça, au moins! Grand'mère va comprendre, s'écria le petit garçon, et puis c'est facile ;

> Ma bonne maman,
> Je veux être sage
> Autant qu'une image....

Tiens!... je le sais déjà. »

Sur l'image, c'est le jour de l'an. Robert, appuyé sur les genoux de sa grand'mère, sa petite main posée sur le bras de la bonne vieille, lui récite son compliment.

**Questionnaire.** — Robert a-t-il été gentil en s'éveillant le 1er janvier? — Qu'a-t-il fait dès qu'il a eu terminé sa toilette? — Pourquoi a-t-il couru chez sa grand'mère? (Faites bien attention, réfléchissez, il y allait pour une chose, et aussi pour une autre chose.) — Qu'est-ce qui trottait surtout dans sa petite tête? — A qui avait-il dit d'abord qu'il voulait apprendre un compliment? — Pourquoi n'en avait-il pas parlé à son papa, ou à sa maman, ou à sa grande sœur? — La bonne a-t-elle choisi un joli compliment? — Pourquoi n'était-il pas joli? — Robert a-t-il pu l'apprendre? — Alors qu'est-il arrivé (il a été désolé, il a pleuré). — Qui s'est aperçu de son chagrin? — Qu'a dit la grande sœur? — Qu'a-t-elle fait? — Racontez ce que Robert voulait faire pour les étrennes de sa grand'maman et à qui il s'est adressé. — Racontez la peine que Robert a prise et son chagrin. — Racontez comment il a été consolé. — Racontez toute l'histoire de Robert et de son compliment.

**Observations pour les maîtresses.** — Je ne crois pas possible de faire comprendre aux enfants ce que c'est qu'une année ; la terre faisant son évolution autour du soleil est absolument au-dessus de leur intelligence. Je ne m'opposerais pas à ce qu'on leur en parlât, pourvu que ce fût bien fait : mais il ne faudrait pas se faire d'illusion sur la manière dont ils auront compris.

Tout récemment, la fille d'une de mes amies (une enfant de quatre à cinq ans, fort remarquablement développée), ayant appris de sa jeune institutrice que la terre tourne, vint trouver sa mère et lui dit : « Je ne veux plus rester sur la terre, puisqu'elle tourne. »

Peut-être vos petits élèves seront-ils moins déroutés si vous leur dites qu'une année c'est un automne, un hiver, puis un printemps, puis un été.

La parenté est plus facile à expliquer, quoiqu'elle donne lieu, dans l'esprit des enfants, à d'étranges confusions. Il est bon de revenir souvent, sans explications à perte de vue, sur la famille et les membres qui la composent. Strictement, ce que l'on appelle la famille c'est le groupe formé par le père, la mère et les enfants. Ces expressions : le père de famille, le toit de la famille, le foyer de la famille, l'amour de la famille, doivent faire partie du vocabulaire courant (après explication préalable); il serait bon d'appeler l'attention des enfants sur certaines ressemblances de famille, sur des habitudes de famille, toutes idées qui, semées à temps, *mais au bon moment*, germent, fleurissent et produisent des fruits. L'esprit de famille, bien entendu, c'est-à-dire sans égoïsme, élargi par l'amour d'autrui, est chose vraiment sainte, une de ces choses saintes trop dédaignées en ce moment et que l'école doit remettre en honneur.

Donc la famille, dans le sens le plus strict du mot, se compose du père, de la mère, des enfants.

Mais le père et la mère des enfants de l'école maternelle ont probablement encore leur père et leur mère : ce sont le grand-père et la grand'mère maternels, le grand-père et la grand'mère paternels. (Cette notion suffit amplement pour une fois; il faudra même y revenir.)

Le père et la mère des enfants de l'école maternelle ont sans doute des frères et des sœurs. C'est la série des oncles et des tantes paternels et maternels. (Cette nouvelle notion pourra fournir de très nombreux exercices d'interrogation et par conséquent de conversation ; on pourra faire remarquer les ressemblances de famille, les goûts, les antipathies.)

Enfin, les oncles et les tantes mariés ont encore des enfants. Ce sont les cousins et les cousines, série plus nombreuse encore, dans laquelle se recrutent généralement les premières amitiés d'enfance. Nouvelles interrogations, nouvelles conversations. Un enfant de six ans peut ainsi apporter à l'école primaire des notions très exactes sur la famille, et se trouve tout préparé à comprendre les leçons de morale de l'institutrice et de l'instituteur.

## Les vacances de Marie.

### SECTION DES PETITS (de 2 à 4 ans)

Voici une jolie petite fille qui donne à manger aux poulets. Elle a mis du grain dans sa jupe, elle en prend un peu dans la main droite et elle le fait tomber en pluie sur le sol.

Regardez-la bien, et maintenant imitons-la tous, petits garçons et petites filles; les tabliers, les blouses même sont aussi commodes pour cela que les jupes. Le vons-nous, prenons de la main gauche notre jupe ou notre blouse, ou notre tablier; relevons un peu, comme cela. Il se fait un creux, dans lequel nous faisons semblant de mettre du grain. Maintenant puisons avec la main droite dans notre creux, faisons semblant de faire tomber le grain par terre... C'est très bien.

Revenons à notre image. Que voyez-vous... là? — Une poule. — C'est la maman poule. Et tout près de la maman poule? — Des petits poulets. — Ce sont les poussins de la maman poule. Il y en a... un, deux, trois, quatre, cinq, qui picorent le grain par terre, et puis un qui arrive vite, vite, moitié volant, moitié courant, pour avoir sa part du repas. Il s'était éloigné, le petit imprudent, et il a failli arriver trop tard pour le déjeuner.

Par terre, près de la maman poule et de ses poussins, il y a une grande cage ronde; la petite fille l'a soulevée pour laisser sortir la maman poule et ses petits; mais quand ils auront fini de manger, on les fera tous rentrer

Les vacances de Marie.

dans la cage, puis on la laissera retomber de partout sur le sol pour la fermer, parce que les poussins sont encore trop jeunes et qu'ils pourraient se perdre.

Nous avons bien vu? la petite fille, qui s'appelle Marie, la poule, les six poussins ou les six petits poulets, et puis la cage, soulevée pour laisser sortir puis rentrer la poule et ses petits.

Y a-t-il autre chose? — Oui, une femme que l'on voit seulement de dos. Tournez-vous tous comme elle. C'est cela; je ne vois plus votre figure. La femme donne aussi à manger à une poule. Mais ce n'est pas du grain. C'est peut-être une pâtée faite avec de la mie de pain et du lait, ou peut-être avec du son, ou peut-être avec du riz. Pourquoi cette poule est-elle là toute seule, accroupie, dans une espèce de chambrette dont on peut ouvrir et fermer la porte? Pourquoi faut-il lui donner à manger à part? Pourquoi n'a-t-elle pas sauté dans la cour auprès de la maman poule qui mange avec les petits?

Ah! c'est que cette poule couve. Elle est accroupie sur des œufs, et si elle y reste sans bouger, si elle les réchauffe bien sans jamais les laisser refroidir, il en sortira bientôt des petits poussins, et elle sera comme la maman poule qui est par terre.

Donc sur cette image il y a Marie qui donne à manger à la maman poule et à ses petits. Il y a aussi la mère Jeannette qui donne à manger à la poule couveuse. Montrez Marie; montrez la maman poule; montrez le petit poulet qui court pour venir prendre sa part du repas; montrez les petits qui mangent; montrez la cage; dites pourquoi elle est soulevée; montrez la mère Jeannette, montrez la poule couveuse. Que fait la mère Jeannette? Pourquoi la poule couveuse ne vient-elle pas manger avec les autres?

### SECTION DES GRANDS (*de 4 à 6 ans*)

L'image a été décrite; elle a été comprise certainement; les grands pourront alors ajouter quelques remarques. On est à la campagne : tout l'indique, et non seulement on est à la campagne, mais dans un coin vraiment villageois, il n'y a nulle apparence de château ou de maison luxueuse tout auprès. C'est le village et la scène est tout à fait campagnarde. Cependant... il y a une note discordante. (Cette expression ne s'adresse pas aux enfants, mais aux maîtresses, qui la traduiront sans doute ainsi : Nous sommes à la campagne, mais la petite fille n'a pas l'air d'une campagnarde ; sa veste de velours, ses chaussettes, ses pieds délicats dans ses sabots fins, sa coiffure, le geste de la main droite ne sont pas d'une paysanne. Marie n'est pas la fille de Jeannette ; c'est tout au plus sa petite-fille ; Marie n'est pas élevée à la campagne.)

Que la maîtresse se garde surtout de commentaires impliquant une sorte de supériorité en faveur de la ville, et de l'éducation que l'on y peut recevoir. L'explication est très simple : Une fillette qui habiterait toujours la campagne et qui serait vêtue comme Marie y serait souvent gênée; une averse endommagerait sa veste de velours, les ronces écorcheraient ses jambes nues, ses sabots seraient trop découverts pour passer dans les terres fraîchement remuées. Marie est très bien vêtue pour une campagnarde d'occasion ; mais les vrais campagnards ont besoin de costumes plus résistants.

Voulez-vous savoir qui est Marie, mes chers enfants? C'est la petite fille de la mère Jeannette; le papa de Marie est le fils de la vieille paysanne. Ce papa est un brave homme; il a été militaire, il a si bien fait son service qu'il n'est pas resté longtemps simple soldat; aujourd'hui il est capitaine, il habite avec sa femme et Marie une grande ville, où tout le monde l'estime, mais il n'a jamais oublié la petite ferme où il est né, encore moins sa maman Jeannette, et chaque fois qu'il a un congé, il vient le passer avec sa « chère vieille ». Vous pensez bien qu'il emmène Marie avec lui ! D'ailleurs, s'il faisait mine de la laisser à la maison, elle serait bien désolée, car elle aime aussi sa bonne maman Jeannette et le village, et les arbres, et les vaches, et les poules; puis il serait mal reçu aussi par la grand'maman qui adore sa petite-fille. Toutes ses vacances, Marie les passe à la ferme. Ce qui ne l'empêche pas d'être une des meilleures élèves de son école.

La maîtresse dira ensuite que tous les oiseaux naissent d'un œuf; les tout petits oiseaux, d'un tout petit œuf; les oiseaux de taille moyenne, d'un œuf plus gros; les gros oiseaux, de très gros œufs; elle pourra montrer (à l'aide d'images) ou dessiner au tableau un œuf d'oiseau-mouche et un œuf d'autruche; elle amusera les enfants en leur disant combien il faudrait d'œufs d'oiseaux-mouches pour faire une omelette pour quelques personnes; combien il faut d'œufs de poule, et... quelle belle omelette ferait un œuf d'autruche.

Elle fera aussi remarquer l'action de la chaleur douce et continue; l'œuf éclôt, c'est-à-dire s'ouvre, quand il a été suffisamment réchauffé. Le bourgeon de l'arbre, le bouton de rose éclosent ou s'ouvrent quand les rayons du soleil printanier les pénètrent; l'âme, aussi, s'ouvre pour ainsi dire à la joie...

L' « Avril » colore et embaume la nature; enseignez aux enfants à jouir de la saison exquise et bénie.

**Questionnaire.** — Marie est-elle habillée comme on s'habille à la campagne? — Dites où elle habite ordinairement. — Que fait son papa? — Comment emploie-t-il ses jours de congé? — Vient-il seul chez sa mère? — Pourquoi ne vient-il pas seul? — Est-ce que vous voyez la grand'mère? — Que fait en ce moment la grand'mère? — Ne connaissez-vous que des œufs de poule? — Dites tous ceux que vous connaissez? — Quels sont les plus petits? — Quels sont les plus gros? — Qu'est-ce qui fait éclore les œufs? — Dites encore ce qui éclôt aux rayons du soleil printanier? — Dites ce que vous savez sur Marie. — De son père. — De sa grand'mère.

## Pierre a récité sa fable (1).

### SECTION DES PETITS (de 2 à 4 ans)

« Que voyez-vous sur cette image, mes enfants? »

Je m'arrête dès le début, parce que cette image, je l'ai montrée à une de mes petites nièces de trois ans et demi, Parisienne fort éveillée qui babille comme un oiseau, qui danse en mesure la polka et la bourrée et qui sait mettre ses gants «toute seule»,... un bébé délicieux en un mot et remarquablement intelligent. L'enfant a longuement regardé, et son petit doigt s'est dirigé vers le pied de l'homme : « Voici un soulier, » m'a-t-elle dit. — « Sais-tu ce qu'il y a dans ce soulier ? » L'enfant s'est mise à rire. « Il y a le pied du Monsieur. — Que vois-tu encore? » Autre pause pendant laquelle l'enfant réfléchissait. « — Je vois une chaise. — Qui est assis dessus? — Un petit garçon,... un petit garçon... un peu grand,... bien plus grand que moi. Tu vois, tante, il a relevé son chapeau par derrière... il s'accroche à sa chaise,... peut-être qu'il a peur de tomber, et puis il appuie ses pieds sur le barreau,... il y mettra de la terre,... la bonne sera obligée de frotter. »

L'enfant était partie; un peu guidée par moi, elle a tout vu : le père et son air interrogateur, la fenêtre ouverte, le contrevent contre le mur, la croisée à l'inté-

(1) La forme donnée à cette explication permet de supprimer le questionnaire final.

Pierre a récité sa fable.

rieur, le rideau, la vigne grimpante; et alors elle m'a demandé : « Que font-ils là tous les deux, tante ?

— Le petit garçon Pierre vient de réciter sa fable, et son papa l'interroge pour savoir s'il l'a bien comprise.

— Qu'est-ce qu'il y avait dans cette fable ?

— C'est l'histoire d'un petit garçon appelé Maurice et de son chien appelé Zéphyre. Maurice tourmentait toujours le pauvre Zéphyre : « Prends garde, lui disait sa mère : Zéphyre est un bon chien pour ceux qui le caressent; mais il sait se fâcher, et quand il se fâche... » (Il mord, s'est écriée ma petite nièce.) « Oui... quand on le tracasse, il mord. M. Maurice n'a pas écouté sa maman : Zéphyre l'a mordu, et maintenant le petit garçon ne le tracasse plus. »

Ma petite nièce est restée songeuse, et puis elle a dit : « Marie (c'est son nom) ne tracasse jamais les chiens. Hélène, non plus. » (Hélène, c'est la grande sœur de six ans.)

Si je vous ai raconté tout au long mon expérience récente, c'est pour en tirer, avec vous, une conclusion. Nous, les grands ou les vieux, nous avons des vues d'ensemble : le tableau tout entier nous frappe; l'enfant, au contraire, voit un détail, puis un autre, puis un autre encore : il généralise à la fin. Vouloir le guider avec des procédés tout faits, résultat d'idées préconçues, c'est s'exposer à le troubler dans ses opérations intellectuelles; c'est l'enrayer au lieu de l'aider; c'est faire une œuvre déplorable.

Tous les détails ayant été notés, le tableau étant constitué pièce par pièce, l'enfant pourra dire : « Je vois un papa et son fils; le fils récite sa leçon et son papa l'écoute, ou bien : « Le papa a fait une question à son fils, et il attend que le petit garçon lui réponde. Ils sont tous les deux assis dehors, près de la maison, parce qu'il fait beau. »

## SECTION DES GRANDS (de 4 à 6 ans)

Pierre a récité sa fable, avons-nous dit aux petits. Cette fable, c'est l'histoire de Maurice qui tourmentait toujours son chien, malgré les conseils de sa maman, et qui a été mordu.

Voulez-vous l'apprendre, vous qui êtes plus grands? La voici :

« Mon enfant, ne sois pas sans cesse
A tourmenter ce pauvre chien;
Zéphyre, il est vrai, t'aime bien,
Ne te rend jamais que caresse;
Mais il peut se fâcher; alors c'est un démon.
Sois bon pour lui. »
Notre petit fripon
Ne trouvait pas amusant d'être bon;
Il aimait beaucoup mieux — cela le faisait rire —
Tirer la queue et l'oreille à Zéphyre.
Zéphyre enfin lassé se fâcha cependant,
Et furieux prit sa revanche :
Un beau matin, la peau douillette et blanche
De Maurice connut sa dent.
Qu'il soit seul ou qu'on le regarde,
De tourmenter Zéphyre à présent il se garde (1).

Le papa a d'abord été très content, parce que le petit garçon savait très bien sa fable, sans aucune faute. Mais comme ce n'est pas tout de savoir les mots, il a voulu s'assurer que l'enfant avait compris.

« Qu'a dit la maman à Maurice? — Elle lui a dit de ne pas tourmenter le chien. — C'est cela. Et pourquoi ne fallait-il pas tourmenter Zéphyre? — Parce qu'il pourrait mordre Maurice. — N'est-ce que pour cela? Pierre n'a rien répondu, et le papa attend, les deux yeux fixés sur son fils. »

---

(1) Extrait des *Maternelles* de M<sup>me</sup> Sophie Hue (Verdier, éditeur, Rennes). J'ai retranché les six derniers vers, laissant à la directrice le soin de faire trouver la leçon morale.

J'espère que l'enfant, après avoir réfléchi, répondra que c'est mal de tracasser un bon chien, de lui tirer la queue et les oreilles.

Et la directrice, en bonne voie, continuera :

« Ce n'est pas pour faire du mal à son ami Zéphire que Maurice lui tire la queue et les oreilles; on ne peut donc pas dire qu'il soit méchant; mais il est taquin, et les enfants taquins sont désagréables; sans y réfléchir, pour s'amuser, ils font parfois beaucoup de peine à leurs camarades, et quelquefois aussi ils leur font mal.

« Il y a quelques jours, Paul a retiré une chaise au moment où Charles allait s'asseoir; Charles est tombé et s'est fait mal. Paul était-il méchant? Non, car il a été très affligé d'avoir fait mal à son camarade; mais il avait voulu s'amuser, il avait *taquiné*, il est en général *taquin*.

« Marie ne sait pas encore bien prononcer le *ch;* elle dit un *martand* pour un marchand; Louise, pour rire, prononce, elle aussi, *martand*, elle dit une *tose* pour une chose; hier Marie a pleuré. Louise, qui a fait pleurer Marie, n'est cependant pas méchante; elle est *taquine*.

« C'est un défaut dont il faut se guérir. »

Continuant son explication, la maîtresse fera comprendre que Zéphyre s'est vengé (il a pris sa revanche). Les enfants ne doivent pas se venger; mais les chiens peuvent le faire.

Enfin, si les enfants désirent apprendre la fable, elle est tout à fait à leur portée.

## Une bonne trouvaille.

### SECTION DES PETITS (de 2 à 4 ans)

Voici un beau grand chien noir avec le bout de la queue blanc. Que fait-il? Est-ce qu'il court? Non. Il est arrêté et regarde par terre... quoi?.. Faisons bien attention, car ce n'est peut-être pas très facile à distinguer ce qu'il y a là, au milieu du chemin. Est-ce un gros paquet... qu'un passant aura perdu? est-ce un tas de pierres? Non, puisque je vois une tête, un bras, un pied..., je vois même deux têtes... C'est trop fort! Ce qu'il y a là par terre, ce sont deux enfants, deux pauvres enfants qui sont là, endormis, tout près l'un de l'autre, dans la forêt.

Je dis que c'est dans la forêt parce qu'il y a beaucoup d'arbres.

Pauvres petits!... Ils ont voulu aller trop loin tout seuls, ils se sont perdus, et ils ont tant marché, tant marché et tant pleuré aussi, qu'ils sont tombés de fatigue, et se sont endormis : le petit frère tout contre sa sœur, qui est un peu plus grande.

Est-ce que le grand chien noir va leur faire du mal? Oh non! C'est une brave bête. Il s'est mis à aboyer en gémissant, et son maître est venu aussi vite qu'il a pu pour voir ce qu'il y avait.

Le maître, le voilà. C'est un soldat; vous voyez bien son képi et puis son sac sur son dos. Il est si surpris qu'il reste sans bouger, une main appuyée sur sa canne et l'autre sur l'arbre. Mais il ne restera pas toujours comme cela immobile. Que fera-t-il? Il éveillera les enfants; il leur demandera d'où ils sont, et où sont leur papa et leur maman, et puis il prendra le petit garçon dans ses bras et la petite fille par la main, et il les reconduira chez eux.

Leur maman est déjà bien inquiète.

**Questionnaire.** — Montrez le chien. — Montrez les enfants. — Montrez le soldat. — Montrez les arbres de la forêt. — Que font les enfants par terre? — Pourquoi ne sont-ils pas dans leur maison? — Pourquoi se sont-ils endormis? — Est-ce que le grand chien va leur faire du mal? — Que fait-il? — Qui a entendu les aboiements du chien? — Montrez le maître du chien. — Qu'est-ce qui vous a fait reconnaître que c'était un militaire? — Montrez son képi. — Qu'est-ce qu'un képi? — Montrez son sac. — A quoi sert ce sac? — Est-ce qu'il n'y a pas des enfants qui ont des sacs ressemblant à celui-ci? — Que mettent-ils dedans? — Est-ce que les enfants, le chien et le militaire sont dans la rue? — Où sont-ils? — Qu'est-ce qu'il y a dans les forêts?

---

### SECTION DES GRANDS (de 4 à 6 ans)

La description de cette image ne souffre pas de difficultés: elle peut être pour les grands telle que les petits l'ont faite; mais le commentaire était délicat et m'a fort embarrassée. La scène devait-elle être dramatisée? — Je pouvais, par exemple, raconter aux enfants que ces deux petits étaient de pauvres orphelins errant sans feu ni lieu, vivant de l'aumône et qui mourraient de faim s'ils ne rencontraient pas d'âmes charitables... Malgré notre état social si défectueux, cette chose horrible est cependant fort rare; on ne fait pas l'aumône à deux tout petits sans les questionner; si l'on apprend qu'ils sont seuls au monde, on s'en occupe, on les conduit à la mairie ou chez les personnes notoirement charitables de la commune... En tout cas, cette monstruosité de deux en-

Une bonne trouvaille.

fants abandonnés étant si rare, je crois inutile d'en attrister et d'en effrayer les pauvres petits cœurs, qui ont besoin de s'épanouir en joie. J'aurais pu renouveler une histoire du Petit-Poucet. Mais elle est faite pour effrayer les esprits; ou encore une histoire d'enfants volés qui ont réussi à s'échapper et qui ont perdu leur route... Les mêmes objections très sérieuses se présentaient, si sérieuses que je n'ai pu les réfuter en conscience. Alors je me suis arrêtée à ceci :

Marie et Julien sont deux bons petits enfants qui fréquentent l'école maternelle. Leur papa travaille au loin ; il rentre seulement le samedi soir, et leur pauvre maman a depuis plusieurs mois des douleurs qui l'empêchent de marcher. Elle ne peut aller que de son fauteuil à son lit, la pauvre femme !

Les deux enfants vont donc seuls à l'école et ils en reviennent seuls aussi. Marie a presque six ans; elle veille sur son petit frère, qui n'en a que quatre.

L'école maternelle n'est pas située au milieu de la ville ; elle est au contraire du côté de la campagne, tout près de la lisière d'une belle forêt. En ce moment il y a des violettes partout au pied des arbres ; la mousse en est tout embaumée.

Marie et son frère vont souvent dans le sentier qui borde la route; ils font de jolis bouquets pour leur mère et pour leur maîtresse. Oh ! ce sont de bons enfants. Mais ils sont bien légers ! ils oublient souvent les recommandations de leur maman. Ainsi elle leur a bien recommandé de ne pas entrer dans la forêt, parce qu'il est facile de s'y perdre.

Voilà que, tout en cueillant des violettes, tout en allant d'un arbre à l'autre pour tâcher d'en découvrir de plus belles, tout en courant, tout en se poursuivant, tout en faisant les petits fous, Marie et Julien ont dépassé la lisière du bois; ils ont traversé une allée, puis une autre, puis une autre encore — il y a des centaines et des centaines d'allées dans la forêt — ils ont fini par se perdre. Impossible de retrouver le bon chemin! Ils ont appelé, crié, pleuré, mais personne ne passait par là! Le soleil se voilait, on ne voyait plus ses rayons à travers les arbres! Les enfants avaient peur. D'autant plus qu'ils croyaient qu'il y avait des loups dans la forêt (ce qui n'était pas vrai).

Enfin, à force de marcher et de pleurer, et d'avoir peur, ils ont été si fatigués, qu'ils n'ont plus eu de forces du tout. Ils sont tombés par terre, ils se sont serrés l'un contre l'autre, et puis ils se sont endormis de faiblesse.

Que serait-il arrivé s'ils étaient restés là toute la nuit? Le froid les aurait certainement rendus très malades.

Heureusement un militaire, rentrant chez lui pour y passer un congé, a traversé la forêt, il était accompagné de son beau chien. Le chien, qui trottait devant son maître, est tombé en arrêt devant les deux enfants endormis; il a appelé son maître en gémissant. Le militaire s'est approché : « Mais... c'est Marie! Mais c'est Julien! s'est-il écrié! Mes petits, réveillez-vous! Que faites-vous ici? »

Le militaire était justement l'oncle des deux enfants.

Vous pensez avec quelle joie il les a ramenés à leur mère, qui, tout en pleurs, avait déjà envoyé à leur recherche.

**Questionnaire.** — Pourquoi la maman de Marie et de Julien ne les accompagne-t-elle pas à l'école? — Est-ce que le papa ne pourrait pas les y accompagner? — Où est-il? — Où est située l'école? — Pourquoi Marie et Julien aiment-ils à aller sur le bord de la forêt. — Est-ce que leur maman leur permet d'aller cueillir des violettes? — A quelle condition? — Pourquoi la maman ne veut-elle pas qu'ils entrent dans la forêt? — Racontez ce qui est arrivé à Julien et à Marie. — Pourquoi se sont-ils endormis? — Ont-ils passé la nuit dans la forêt? — Dites comment ils ont été retrouvés. — Qui était ce militaire? — Qu'a-t-il fait?

(A propos du chien qui trouve les deux enfants, la maîtresse pourra parler des chiens du Saint-Bernard.)

Elle pourra aussi rassurer les enfants qui ont peur de *tous* les chiens, et inspirer de la prudence à ceux qui, ignorants du danger, les caressent ou les taquinent tous. C'est là une question de mesure. En tout cas, les meilleurs chiens ont leurs moments d'impatience, ils se rebiffent, parfois. Sans phrases, sans leçon, mais rien que par le ton et un qualificatif mis en bonne place, les maîtresses inspireront la prudence, puis la bonté envers les animaux. Celui qui est cruel envers les animaux n'est jamais bon non plus pour ses semblables.

### Georgette n'a pas été loyale.

SECTION DES PETITS (*de 2 à 4 ans*)

Voici un petit garçon... un peu grand, il a bien treize ans,... et une petite fille qui a bien six ans. Le garçon, George, est très joli; mais la petite fille, Georgette, baisse les yeux comme si elle avait honte, et l'on ne peut pas aussi bien voir qu'elle est jolie. George a l'air de gronder Georgette, on voit son doigt levé, et je crois qu'il dit : « Ce n'est pas beau du tout ce que tu as fait. » En regardant bien, je devine que Georgette n'a pas été sage. Elle cache sa poupée derrière elle, au lieu de la porter dans ses bras comme les mamans portent leurs enfants.

Oui, je sais tout. George est le petit maître d'école de sa sœur. Il lui a dit d'apprendre une leçon, et M$^{lle}$ Georgette s'est sauvée dans le jardin avec sa poupée.

Georgette a été bien sotte.

George et Georgette sont dans un jardin; il y a des fleurs le long du mur, un banc pour se reposer, et l'on voit des arbres entre les barreaux de la grille.

Ces deux enfants sont très bien habillés; mais ils ont oublié de mettre leurs chapeaux. Il faut toujours mettre son chapeau quand on va dehors, parce que le soleil fait mal à la tête. La poupée de Georgette n'aura pas mal à la tête : elle a un chapeau.

**Questionnaire.** — Montrez Georgette. — Montrez George. — Montrez la poupée. — Pourquoi Georgette cache-t-elle sa poupée ? —

Pourquoi Georgette baisse-t-elle les yeux? — Pourquoi George gronde-t-il sa sœur? — Georgette a-t-elle bien fait de sortir, ou a-t-elle mal fait? — C'est donc mal d'aller au jardin avec sa poupée? — Dites-moi si les cheveux de George et ceux de Georgette sont de a même longueur. — Montrez les plus longs. — Dites quel est celui qui a les cheveux les plus courts. — Est-ce que les deux enfants sont assis ou debout? — S'ils voulaient s'asseoir, où s'assoiraient-ils? — Montrez les fleurs. — Montrez le mur. — Montrez les barreaux? — Que voit-on entre les barreaux? — Pourquoi faut-il mettre son chapeau lorsqu'on va dans le jardin ou dans la rue? — Si la poupée n'avait pas de chapeau, aurait-elle mal à la tête? — Est-ce que la robe de Georgette et la veste de George sont de la même couleur? — Dites la couleur de la veste et la couleur de la robe. — Terminer par un exercice sur les couleurs.

## SECTION DES GRANDS (de 4 à 6 ans)

George et Georgette sont frère et sœur. George est un grand garçon qui va en classe depuis longtemps, il apprend beaucoup de choses que l'on n'apprend pas à l'école maternelle, parce qu'on est trop petit, et que l'on n'apprend pas non plus à l'école primaire, parce qu'on n'y reste pas assez longtemps. Il va au collège ou au lycée. Les collèges et les lycées sont des écoles où l'on va jusqu'à seize ans, jusqu'à dix-sept ans, quelquefois même plus tard encore.

Georgette n'est encore allée dans aucune école, parce que sa maman peut s'occuper d'elle et lui donner de bonnes petites leçons. Mais en ce moment la maman est un peu souffrante, et, comme George est en vacances, c'est lui qui est le petit professeur.

Ce matin il a donné une fable à apprendre à Georgette, qui sait très bien lire, et il lui a bien recommandé de ne sortir de sa chambre que lorsqu'elle saurait sa leçon.

Georgette a promis.

Mais au lieu de regarder son livre, elle s'est mise à la

Georgette n'a pas été loyale.

fenêtre, elle a vu les oiseaux qui volaient dans les arbres ou qui piquaient de leur bec la terre des allées, les papillons qui se poursuivaient et se reposaient sur les fleurs, elle a vu son gros matou qui faisait le guet près du soupirail de la cave, et elle a dit à sa poupée : « Tout le monde s'amuse, il n'y a que nous qui nous ennuyons, descendons au jardin. »

Si M<sup>lle</sup> Georgette n'avait pas été une petite sotte, elle aurait réfléchi que les oiseaux et les papillons faisaient leur métier en volant dans les arbres ou en sautillant dans les allées, ou en se reposant sur les fleurs, parce qu'ils cherchaient leur nourriture; elle aurait réfléchi aussi que son gros matou faisait son métier en guettant les souris de la cave. Mais M<sup>lle</sup> Georgette n'a pensé qu'à son plaisir et elle est descendue au jardin.

Ce n'était pas très beau déjà de ne pas apprendre sa leçon d'abord; mais il y a quelque chose de bien plus mal : *Georgette avait promis.* Et quand on a promis, c'est sacré, c'est-à-dire que RIEN ne doit faire manquer à sa promesse.

Les personnes qui ne manquent jamais à leur promesse ou à leur parole, comme on dit quelquefois, sont des personnes loyales.

La pauvre petite Georgette n'a pas été loyale, et c'est pour cela qu'elle est si honteuse. Mais je la connais; elle va sauter au cou de son frère, et quand ils auront fait la paix, elle remontera dans sa chambre et elle apprendra sa fable.

**Questionnaire.** — Comment s'appellent ces deux enfants? — Se connaissent-ils beaucoup? — Dites pourquoi ils sont frère et sœur. — Quel est l'aîné? — Expliquez ce que cela veut dire : être l'aîné? — Quel âge a-t-il? — Quel âge a Georgette? — Combien George a-t-il de plus que Georgette? — Combien Georgette a-t-elle de moins que George? — George va-t-il à l'école? — Où va-t-il? — Qu'est-ce qu'un collège ou un lycée? (Se contenter de l'explication tout à fait enfantine que j'ai donnée.) — Georgette va-t-elle à l'école?

— Mais... alors elle ne sait rien ! En ce moment, qui est son professeur ? — Pourquoi George gronde-t-il Georgette ? — Pourquoi Georgette est-elle si honteuse ? (C'est parce qu'elle n'a pas tenu sa promesse.) — Racontez ce qui l'a empêchée de tenir sa promesse. — Comment appelle-t-on les personnes qui tiennent leur parole ? — Alors Georgette n'a pas été...? — Quand elle a été à la fenêtre, qu'a-t-elle vu ? — Est-ce que les oiseaux, est-ce que les papillons, est-ce que le matou étaient des paresseux ? — A quoi travaillaient-ils ? — Que va faire Georgette maintenant ?

Que chacun des enfants à son tour me dise une chose qu'il voit sur l'image (il y a George, Georgette, la poupée, le banc, le mur, les barreaux et la plate-bande le long du mur; puis les petits détails s'ils ont frappé les enfants).

Faites dire à un enfant ce qu'il sait de la petite fille ; à un autre ce qu'il sait du petit garçon. Faites donner quelques exemples de loyauté et de déloyauté sans mettre en cause les enfants qui ont été loyaux ou déloyaux, (car il faut ménager la modestie des uns et la dignité des autres). Faites enfin raconter brièvement toute l'histoire, et pendant ce récit final n'interrompez pas pour faire des questions à côté.

## La grappe de raisin.

### SECTION DES PETITS (de **2** à **4** ans)

Voici le petit Émile qui apporte du raisin à sa grand'-maman.

Nous pourrions nous arrêter là, et nous féliciter de la bonne direction donnée à nos bambins, si du premier coup ils avaient lu ainsi cette image (en faisant, bien entendu, abstraction du nom de l'enfant et de la qualité de la femme); s'ils avaient dit : « Voici un petit garçon qui apporte un plat de raisin à une dame. »

Nous pouvons cependant ajouter quelque chose.

L'enfant s'appelle Émile; il est grand... comme Paul, comme Jean, comme Pierre de la section des grands; il est bien habillé; il a une jolie collerette; on voit se beaux petits mollets au-dessous de sa culotte (les pantalons qui s'arrêtent ainsi aux genoux sont des culottes); ses cheveux sont tout frisés... Oui, Émile est un bel enfant. Émile est aussi un brave garçon; il aime sa grand'-mère, et il fait tout ce qu'il peut pour lui faire plaisir. Aujourd'hui il lui apporte la première grappe de raisin qui ait mûri dans le jardin.

Vous avez bien deviné que la vieille dame est sa grand'maman. C'est la maman du papa d'Émile. Émile est son petit-fils. Comme ils s'aiment tous les deux !

Lorsque Émile est arrivé tout à l'heure près de la chambre de sa grand'maman, il a enlevé sa casquette et l'a déposée sur une grande caisse où l'on met le bois (la

La grappe de raisin.

caisse à bois) et il a appelé : « Grand'... mère ! » La grand'mère a ouvert la porte et elle est bien contente.

Au-dessus de la caisse à bois il y a un tableau sur le mur. Sur ce tableau il y a un renard qui regarde un pied de vigne où pendent des grappes de raisin. Le renard voudrait bien les manger, mais il ne peut pas les atteindre.

**Questionnaire.** — Montrez Émile, puis la grand'mère, puis le plat de raisin. — Montrez la caisse à bois, la casquette d'Émile, le tableau, le renard, la vigne. — Montrez la collerette d'Émile, ses jambes nues, ses cheveux frisés. — Tout cela est très bien. — Maintenant dites-moi qui est la dame. — Est-elle jeune ou vieille ? — Aime-t-elle Émile ? — Qu'est-ce qu'Émile apporte à sa grand'mère ? — Sur quoi a-t-il mis la grappe de raisin ? — Quand il est arrivé près de la chambre de grand'mère, qu'a-t-il fait ? — Quand il a eu crié « Grand'mère ! » qu'a fait la vieille dame ? — Dites ce qu'il y a sur le tableau pendu au mur. — Maintenant dites tout ce que fait le petit Émile. (Il apporte une grappe de raisin à sa grand'mère.

---

## SECTION DES GRANDS (de 4 à 6 ans)

Émile et sa grand'maman sont les meilleurs amis du monde. C'est presque toujours comme cela ; tous les petits-enfants et toutes les grand'mamans s'aiment de tout leur cœur. Les petits-enfants et les grands-papas s'aiment aussi de tout leur cœur.

Émile aime donc beaucoup, beaucoup sa grand'maman ; il aime aussi beaucoup le raisin, et pendant tout l'été, il a fait tous les jours des visites à la vigne qui grimpe le long du mur de son jardin, pour voir pousser grossir et mûrir le fruit. Ah ! ça ne venait pas vite. Mon Dieu ! que c'est long à mûrir une grappe de raisin ! Il semblait à Émile que, s'il avait été le soleil, il aurait mieux travaillé que cela et plus vite surtout.

Hier matin il avait cru que les grains étaient enfin mûrs, il en avait détaché un, l'avait goûté, et avait fait une petite grimace. Aujourd'hui il a recommencé ; il a encore détaché un grain, l'a goûté... Oh ! mais c'est tout à fait ça ; le grain a craqué sous la dent du petit garçon et il a eu la bouche pleine d'un jus doux comme du sirop.

Il aurait bien pu manger grain par grain toute la grappe, mais le cher enfant sait que le raisin fait beaucoup de bien à l'estomac de sa grand'mère. Alors il a couru prendre une assiette dans le buffet de la salle à manger, il a placé dessus la jolie grappe jaunie par le soleil, et, avec beaucoup de précautions pour ne pas laisser tomber et écraser le raisin, il est venu près de la chambre de sa grand'mère. Il l'a appelée : « Grand'mère ! » La vieille dame a ouvert la porte, et, vous voyez, Émile lui présente très gentiment l'assiette. Je suis sûre que les deux amis vont picorer ensemble et que... la plus grosse part sera pour Émile. Les grands'mamans font toutes ainsi.

La grand'mère d'Émile est dans sa chambre ; par la porte ouverte on voit les rideaux du lit. Émile est dans l'antichambre, c'est-à-dire dans une pièce où l'on ne demeure pas, et qui sert de passage pour aller dans les autres pièces de l'appartement. Dans cette antichambre, il y a une grande caisse dans laquelle on met le bois pour les cheminées. Pour que ce soit joli, on a recouvert la caisse d'une étoffe garnie d'une frange. On a cloué la frange avec des clous dorés.

On a aussi suspendu un tableau au mur. Ce tableau a un cadre : il est encadré. Le tableau représente un renard qui regarde des grappes de raisin, et il y a un conte ou une fable là-dessus. Voici ce conte ou cette fable.

Un renard mourant de faim arriva auprès d'une treille (c'est-à-dire près de pieds de vigne grimpant le long de lattes de bois entrelacées) (1) dont les fruits étaient mûrs

(1) Construire une treille au moyen des lattes qui servent aux exercices manuels.

à point et recouverts d'une peau vermeille. Le renard avait bien envie de les manger, mais les grappes étaient trop hautes et il ne pouvait les atteindre. Alors, au lieu de s'avouer tout simplement qu'il ne *pouvait pas* manger de ces fruits, il fit ses embarras et dit : « Ces raisins sont trop verts et bons pour des renards qui ne connaissent pas les bonnes choses. »

**Questionnaire.** — Dites ce que vous savez de ce petit garçon et de la vieille dame. — Dites-moi quel est le fruit qu'Émile aime beaucoup. — Y a-t-il de la vigne dans son jardin ? — Qu'a-t-il fait pendant tout l'été ? — Est-ce qu'il était bien content du soleil ? — Que pensait-il ? — Qu'a-t-il fait pour savoir si les grains étaient mûrs ? — Qu'a-t-il fait au lieu de manger la première grappe mûre ? — Pensez-vous que la grand'maman ait mangé seule toute la grappe ? Qu'a-t-elle fait ? — Où est la grand'mère ? — Que voit-on par la porte ouverte ? — Où est Émile ? — Dites ce que c'est qu'une antichambre. — Que voyez-vous dans cette antichambre ? — Décrivez la caisse à bois. — Décrivez le tableau et montrez le cadre, le renard, la treille.

Maintenant un enfant va me dire tout ce qu'il sait de la grand'maman. — Un autre me dira ce qu'a fait Émile quand il a été sûr que le raisin était mûr. — Un autre va me raconter l'histoire du renard que l'on voit sur le tableau. — J'engage les directrices à faire apprendre la fable, en supprimant le dernier vers, dont la moralité est contestable :

    Fit-il pas mieux que de se plaindre ?

car autre chose est de se plaindre, autre chose de calomnier. Mais... n'entrez pas dans ces détails avec les enfants : c'est trop fort pour eux.

## Le chagrin de Rosalie.

### SECTION DES PETITS (de 2 à 4 ans)

Nous voyons beaucoup de choses. Une femme debout habillée en paysanne ; elle porte quelque chose dans son tablier. Qu'est-ce que cela peut bien être ? Moi... je vois deux oreilles, une tête. C'est un petit chien. La paysanne porte un petit chien dans son tablier. Pourquoi le porte-t-elle ? — C'est, sans doute, parce qu'elle a peur qu'il se perde. — Où va-t-elle avec son petit chien ? — Elle va près de cet homme qui est de l'autre côté du ruisseau. Elle donnera le petit chien à l'homme ; son petit garçon qui s'appelle Pierre jouera avec le chien.

Mais... voici une petite fille qui pleure. — C'est Rosalie. Elle a du chagrin parce que sa maman donne le chien au papa de Pierre.

Bientôt elle se consolera ; elle ira jouer avec Pierre et avec le petit chien. Peut-être que Pierre et Rosalie jetteront du pain aux canards qui sont dans le ruisseau.

Savez-vous comment Rosalie fera pour rejoindre Pierre ? Elle passera sur le pont, en prenant des précautions pour ne pas tomber.

Y a-t-il autre chose à voir sur cette image ? — Il y a des arbres et une vache.

**Questionnaire.** — Montrez Rosalie. — Montrez sa maman. — Montrez Pierre. — Montrez son papa. — Qu'est-ce que la maman de Rosalie porte dans son tablier ? — Pourquoi le porte-t-elle ? — A qui va-t-elle le donner ? — Pourquoi Rosalie pleure-t-elle ? — Est-ce qu'elle ne reverra plus le petit chien? — Montrez les arbres. — Montrez la vache. — Montrez les canards. — Montrez le pont. — Si l'on n'avait pas mis de pont, est-ce que la paysanne aurait pu aller auprès du papa de Pierre?

---

## SECTION DES GRANDS (*de 4 à 6 ans*)

Il y a beaucoup à voir sur cette image, et je me demande par quoi nous commencerons à la décrire.

Logiquement, ou méthodiquement si vous préférez, il faudrait parler d'abord de la femme. C'est évidemment le personnage principal, celui qui frappera les yeux de tout *lecteur d'images* expérimenté. Mais les petits nous ménagent tant de surprises! Qui sait s'ils n'iront pas tout d'abord aux canards qui nagent dans le ruisseau, ou bien à la vache que l'on aperçoit dans le lointain au-dessus des broussailles? Un moment déroutés par la variété du tableau, ils finiront par mettre le doigt sur ce qui les intéresse le plus.

Laissons-leur le temps de se reconnaître et de reconnaître.

Quant à nous, qui sommes méthodiques par habitude, nous voyons d'abord la femme et nous la mettons dans son milieu. Elle est dans la campagne. Ce que nous apercevons en jetant un coup d'œil tout autour d'elle — *le paysage*, — est très varié. Voici un bouquet d'arbres au bord d'un ruisseau. De l'autre côté du ruisseau, sur la *rive* opposée, est une prairie où paissent des vaches; tout au loin on voit encore des arbres.

Que fait-elle, cette femme? Elle parle avec un homme qui est de l'autre côté du ruisseau. Peut-être ira-t-elle le rejoindre; peut-être ce sera lui qui se rapprochera; en tout cas, il faudra passer sur le tronc d'arbre couché au-dessus du ruisseau : *sur le pont*.

Le paysan n'est pas tout seul dans le pré; il y a aussi

Le chagrin de Rosalie.

son petit enfant, Pierre, qui a l'air bien gentil. Et la paysanne est-elle seule? Non. Sa petite fille Rosalie la suit. Mais... elle pleure, la pauvrette; elle cache sa figure dans ses mains. Qu'a-t-elle donc?

Il y a quelque temps, la paysanne, qui s'appelle Mariette, a dit à son voisin de campagne, qui s'appelle Mathurin : « Notre chienne Flora vient d'avoir quatre beaux petits chiens qui lui ressemblent; ils ont le poil soyeux et de jolies petites oreilles retombantes. J'en ai déjà promis trois dans le village, mais je ne sais ce que je ferai du quatrième.

— Donnez-le-moi, lui a répondu Mathurin; notre gros Pataud n'est plus jeune, et je ne serai pas fâché d'avoir un autre chien quand le pauvre vieux ne pourra plus me suivre aux champs.

— C'est entendu! Dès qu'il aura assez tété et qu'on pourra le prendre à sa mère, je vous l'apporterai. »

C'est aujourd'hui que Noiraud a été sevré et que Mariette tient sa promesse. Vous voyez bien la tête du petit chien sortant du tablier de la paysanne. Pierre est bien content, il sait que le chien est pour lui; mais Rosalie aimait bien Noiraud, et elle ne comprend pas encore que rien n'est agréable comme de faire plaisir aux autres.

D'ailleurs elle reverra souvent Noiraud; Pierre et elle sont deux bons camarades, ils jouent ensemble presque tous les jours dans la prairie; Noiraud se mêlera certainement à leurs gambades, et alors qu'est-ce que cela fera qu'il appartienne à Pierre ou à Rosalie? Il sera aux deux enfants.

**Observations pour les maîtresses.** — On reviendra plusieurs fois sur cette image; nous savons par expérience que ce n'est pas en une seule fois que la curiosité des enfants est satisfaite. Eh bien, une fois on pourra insister sur le paysage.

Nous avons dit qu'il était varié, parce que ce n'est pas partout la même chose. Il y a des arbres — pleins de chants d'oiseaux sans doute — des champs ou des prés, de l'eau. Le terrain n'est pas plat;

Il y a de loin en loin de petites élévations et des creux. On dirait des bourrelets ou bien — pour ceux qui ont vu la mer — les ondulations des flots. Ce terrain est *ondulé*.

S'il n'avait pas été varié, comme nous l'avons fait remarquer tout à l'heure; si, à droite, à gauche, au loin devant les yeux, tout avait été pareil, nous aurions dit que le paysage était *monotone*.

Les arbres poussent bien, l'herbe de la prairie aussi, on devine qu'il y a de la verdure et des fleurs partout, que c'est joli et que cela sent bon. Toutes ces bonnes choses, on les doit au ruisseau. Les plantes ne viennent bien, la terre n'est fertile que lorsqu'il y a des ruisseaux. Sans les ruisseaux la terre meurt de soif.

Ce ruisseau n'est pas bien large; un grand garçon de l'école primaire pourrait sauter d'un bord à l'autre. Il n'est pas très profond non plus; on ne pourrait pas y faire naviguer un bateau. Aussi les canards sont-ils bien tranquilles; rien ne les trouble, rien ne les effraye,... excepté quand les enfants jettent des pierres dans l'eau pour faire des ronds.

En courant dans la campagne, ce ruisseau en rencontrera un autre: ils se mettront à couler ensemble en un seul ruisseau. Seulement, comme il y aura plus d'eau, ce nouveau ruisseau sera plus large et plus profond.

A force de rencontrer d'autres ruisseaux, il deviendra si profond et si large qu'il pourra porter des bateaux. Alors on l'appellera une rivière.

Un tronc d'arbre couché peut servir de pont sur un petit ruisseau, mais sur les larges ruisseaux et sur les rivières on construit des ponts de pierre; alors beaucoup de personnes peuvent passer à la fois, et aussi des voitures.

Nous avons dit que Mariette et Mathurin étaient des paysans. C'est parce qu'ils vivent à la campagne et qu'ils cultivent la terre et qu'ils soignent les bestiaux.

La vie des paysans est très intéressante et très variée (ils ne font pas tous les jours la même chose: labourer, semer, récolter ne se ressemblent pas).

Les enfants des paysans se portent mieux que les enfants qui demeurent dans les villes, parce qu'ils sont presque toujours au grand air et qu'ils font beaucoup d'exercice. Autrefois les paysans étaient à plaindre parce qu'ils étaient ignorants, ce qui est fort triste. Maintenant ils ont des écoles comme en ville, et je crois qu'ils n'ont presque rien à désirer.

**Questionnaire.** — Pourquoi Rosalie pleure-t-elle? — Mathurin n'avait donc pas de chien? — Rosalie a-t-elle raison de pleurer? — Pourquoi n'a-t-elle pas raison? — Dites ce qui sépare le champ de Mariette du champ de Mathurin? — Les deux champs sont-ils vraiment séparés? (Non, puisqu'il y a un pont.) — Est-ce que le paysage que nous voyons est plat? — Comment est-il? — Pourquoi cette campagne est-elle fertile, ou si vous aimez mieux, pourquoi les arbres, les herbes, les fleurs poussent-ils bien? — Parlez du ruisseau? — Est-il bien large? — Savez-vous s'il devient plus large à mesure qu'il court dans la campagne? — Pourquoi devient-il plus large? — Dites comment on appelle les personnes qui habitent toujours la campagne et qui cultivent la terre. — Parlez de Rosalie. — Parlez du petit chien. — Parlez des canards. — Parlez du ruisseau. — Parlez du paysage. — Parlez des paysans. — Racontez toute l'histoire.

## Le filet du père Yves.

### SECTION DES PETITS (de 2 à 4 ans)

Nous voyons un homme et deux petits garçons; l'homme est assis; les deux petits garçons sont debout devant lui. De qui voulez-vous que nous parlions d'abord? de l'homme ou des enfants? Ou bien préférez-vous que nous devinions ensemble où ils sont tous les trois? — Vous voulez commencer par deviner? je comprends cela; c'est plus amusant.

Sont-ils dans une maison? — quelle bêtise! puisque vous ne voyez ni murs ni fenêtres, et que vous voyez le ciel, avec quelques nuages tout au fond. Sont-ils dans un jardin? pas davantage; il n'y a pas d'arbres, pas de fleurs, pas d'allées bordées de verdure. Sont-ils dans les champs? Mais non! ils sont au bord de l'eau; au bord de la mer, qui est plus grande que toutes les rivières. Vous voyez bien l'eau qui est un peu agitée comme celle du seau placé près de la fontaine, quand vous l'avez secoué. C'est le vent qui agite l'eau de la mer; voyez tout là-bas comme les voiles des bateaux penchent.

Maintenant nous savons que l'homme et les deux petits garçons sont au bord de la mer. Au bord de la mer il y a du sable et des cailloux. Les enfants aiment beaucoup à jouer dans le sable; le plus petit, qui s'appelle Marcel, a apporté une pioche pour faire des trous; peut-être que l'autre, qui s'appelle Georges, en a une autre, mais on ne la voit pas; il l'a sans doute laissée par terre.

Georges et Marcel ne demeurent pas ordinairement au bord de la mer; ils y sont venus avec leur papa et leur maman pour se baigner. L'eau de la mer donne de la force aux petits enfants parce qu'elle est très salée.

Ce matin ils ont vu le père Yves assis devant la porte de sa maison, la pipe à la bouche et en train de travailler; ils se sont approchés pour voir ce qu'il faisait.

« Bonjour, père Yves. — Bonjour, mes enfants; vous portez-vous bien? — Oui, père Yves. — Vous avez été bien sages? — Oui, père Yves... Mais... dites, père Yves, que faites-vous là? — Je fais un filet pour attraper les poissons. — Ah!... et en quoi le faites-vous? — En ficelle, vous le voyez bien. — Ah! et avec quoi le faites-vous? — Avec ce petit outil qui s'appelle une navette. J'ai dévidé ma ficelle sur ma navette, et j'ai fait toutes ces mailles et tous ces nœuds que vous voyez. — Comme 'l y a des mailles et des nœuds! Mais... dites, père Yves, qu'est-ce que c'est que toutes ces petites boules qui sont autour de votre filet? — Ce sont des boules de plomb. — Et pourquoi les avez-vous mises là? — C'est pour que le filet s'enfonce, parce que le poisson est dans l'eau et non pas sur l'eau. »

Georges, qui a six ans, a très bien compris l'explication du père Yves, mais Marcel, qui n'en a que quatre, ne va pas encore si loin; aussi vous voyez bien qu'il n'écoute plus; il regarde les bateaux que le vent couche presque sur la mer; tandis que Georges est tout attentif et montre avec son doigt les choses dont il parle.

Le filet du père Yves.

## SECTION DES GRANDS (*de 4 à 6 ans*)

Pour ne pas fatiguer l'attention des petits, je ne leur ai pas dit que le père Yves est un pêcheur, c'est-à-dire qu'il va à la pêche; c'est son métier. Il y a des gens qui font des souliers pour gagner leur vie : leur métier est d'être cordonniers; il y en a d'autres qui font du pain : leur métier est d'être boulangers. Ceux qui vont à la pêche et qui vendent le poisson pour gagner leur vie sont des pêcheurs.

Les pêcheurs n'habitent que les villes ou les villages qui sont au bord de la mer, ou, comme on dit encore, sur la côte; leur métier est très dur parce qu'ils sont forcés d'aller à la pêche la nuit aussi bien que le jour.

Quand il fait beau temps, que le vent ne souffle pas trop fort et que la mer est calme, les pêcheurs ne sont pas bien à plaindre, car ils aiment la mer, si grande et si belle. Pendant les beaux jours ils regardent l'eau, si transparente que parfois on peut voir le sable ou les grandes herbes qui sont au fond; ils regardent aussi l'écume blanche qui saute contre les rochers.

La nuit, ils ont le clair de lune si doux, et les étoiles qui sont au ciel comme des clous dorés.

Pendant ces beaux jours et ces belles nuits, les pêcheurs fument leur pipe sans parler, pour ne pas faire fuir les poissons.

Mais lorsque le vent souffle bien fort, bien fort et que la mer se met à rouler d'énormes rouleaux d'eaux que l'on appelle des vagues, lorsque le ciel est couvert de nuages noirs, et que l'on ne voit plus ni la lune ni les étoiles, lorsque la pauvre barque est secouée comme si elle ne pesait pas plus qu'une coquille de noix, c'est-à-dire lorsqu'il y a une tempête, les pauvres pêcheurs sont bien malheureux ; non seulement ils ne peuvent pas attraper de poisson, mais quelquefois leur barque chavire ; d'autres fois elle est jetée contre les rochers et elle se brise.

Les pêcheurs apprennent tous à nager pour pouvoir se sauver si leur bateau chavire ou se brise (s'il fait naufrage, comme on dit) ; mais quelquefois ils sont trop loin de la côte pour pouvoir y arriver en nageant, et alors ils sont noyés.

Pour aller à la pêche en mer, il faut nécessairement un bateau et un filet ou une ligne ; mais on pêche surtout au filet en pleine mer. Il y a beaucoup d'espèces de poissons dans la mer : des soles, des turbots, des mulets, des bars. Il y a des poissons qui voyagent en quantité considérable, les morues, par exemple. Il y en a tant, il y en a tant dans certains endroits, que les pêcheurs partent ensemble dans beaucoup de bateaux, et ils en pêchent un si grand nombre que vous ne sauriez jamais les compter. Ce n'est pas tout près de chez nous que les pêcheurs trouvent tant de morues ; ils sont obligés pour les trouver de faire de grands voyages du côté où il fait froid.

Les morues ne sont pas les seuls poissons voyageant par troupes ; il y a aussi les maquereaux et les harengs, que vous connaissez sans doute. Ils naissent dans les mers très froides, et puis, quand ils sont un peu grands, ils partent. Quand ils ont bien nagé, bien nagé, ils arrivent près de nos côtes, et les pêcheurs les enlèvent dans leurs filets. Pauvres poissons ! s'ils avaient su, ils n'auraient pas fait le voyage !

Vous connaissez aussi un autre poisson, tout petit celui-là, dont les pêcheurs rapportent des bateaux tout pleins : la sardine.

Pour conserver toutes ces morues, tous ces maquereaux, tous ces harengs, toutes ces sardines, on les couvre de sel ou on les fait sécher au soleil. Je suis presque sûre que vous avez mangé de ces poissons-là.

Il y a aussi des poissons dans les rivières.

**Questionnaire.** — Le questionnaire des petits est fait. Demandez aux grands : — Comment appelle-t-on les hommes qui vont à la pêche? — Et les femmes? — Où habitent les pêcheurs? — Pourquoi leur métier est-il dur? — Pourquoi les pêcheurs ne sont-ils pas à plaindre pendant les belles journées et pendant les belles nuits? — Pourquoi ne parlent-ils pas dans leurs bateaux? — Pourquoi les pêcheurs sont-ils malheureux quand il y a une tempête? — Dites comment est la mer pendant la tempête. — Qu'arrive-t-il parfois aux barques pendant la tempête? — Qu'arrive-t-il aux pêcheurs quand leur barque chavire? — Pourquoi les pêcheurs apprennent-ils à nager? — Qu'arriverait-il s'ils ne savaient pas nager?

Dites quels sont les poissons qui voyagent en grande quantité ou en troupes nombreuses? — Quand on en a beaucoup pêché que fait-on pour les conserver? — Pourquoi Marcel et Georges sont-ils venus au bord de la mer? — Racontez leur conversation avec le père Yves, c'est-à-dire ce qu'ils disent au père Yves? — Qu'est-ce que le père Yves leur répond?

## La surprise de Charlot.

### SECTION DES PETITS (*de 2 à 4 ans*)

Comptons les bébés ; il y en a deux : un sur son petit lit, c'est Charlot; l'autre dans les bras de la grande fille, qui se nomme Jacqueline ; c'est Mimi.

Regardons d'abord Charlot. Il se dresse sur son lit en appuyant sa menotte sur le bois. On voit qu'il vient de s'éveiller; ses cheveux sont tout ébouriffés. A-t-il l'air content? a-t-il l'air fâché? Est-ce qu'il pleure, ou bien est-ce qu'il rit? Non, je trouve qu'il a l'air étonné ou surpris; il ouvre son œil tout rond et sa bouche toute grande. Oui... il a l'air étonné. Pourquoi? Nous le dirons tout à l'heure, quand nous aurons aussi regardé Mimi.

Mimi est renversé sur les bras de la fillette; mais nous ne le voyons pas très bien ainsi; nous voyons cependant sa tête, son corps, ses bras, ses jambes; nous voyons même ses cheveux, son front, ses yeux, son nez, sa bouche, ses joues, et pourtant il nous manque quelque chose : nous ne savons pas s'il pleure ou s'il rit, s'il est content ou fâché ; nous ne voyons pas *son air* ou sa physionomie (un mot peut-être trop ambitieux, que je n'emploie ici que sous toutes réserves et pour les grands). Mais inclinons notre image du côté gauche, et nous allons voir que Mimi a l'air très heureux; c'est un gros poupon qui veut bien rire et faire de petites farces, et si Charlot lui donne une place à côté de lui, on en verra bientôt de drôles.

Mais pourquoi Charlot a-t-il l'air si étonné ?

Voici : Charlot est le petit frère de Jacqueline, un petit frère très caressé, très choyé (je ne dis pas très gâté, parce que ce n'est pas du tout la même chose; l'enfant gâté est celui à qui l'on passe tous ses caprices; il est très désagréable). C'est Jacqueline qui le soigne, qui le lave, qui l'habille, qui le fait manger et qui surveille ses jeux, pendant que leur papa et leur maman travaillent aux champs et vont vendre leurs légumes au marché. Jacqueline est la petite maman de Charlot, et il n'y a pas d'autre enfant dans la maison.

Cependant, ce matin, Charlot a été éveillé par la voix de Jacqueline qui parlait à un bébé; Jacqueline disait : « Mon petit Mimi, tu resteras avec nous pendant que ta maman mignonne est malade; tu t'amuseras avec Charlot, tu boiras du bon lait dans sa tasse. »

Charlot s'est dressé sur son lit, et il est resté les yeux écarquillés et la bouche béante en voyant Mimi dans les bras de sa grande sœur.

Certes il connaît Mimi, il le voit tous les jours, mais pas dans sa chambre au moment du réveil, pas dans les bras de Jacqueline. Ce n'est pas naturel, pense-t-il, et voilà pourquoi il ouvre tout grand son petit bec. Quand il sera revenu de sa surprise, Charlot sera très content d'avoir un petit camarade. Il va lui faire une place sur son lit, et, pendant qu'ils joueront, Jacqueline pourra faire sa toilette : mettre ses bas, relever ses cheveux et passer sa robe. Ordinairement la charmante fille s'habille dès qu'elle se lève; mais, ce matin, une voisine lui a apporté Mimi dont la maman est très malade, et elle s'est occupée de lui d'abord.

La maison de Jacqueline et de Charlot, la maison de Mimi — que l'on ne voit pas sur l'image — sont dans un

La surprise de Charlot.

village; je le devine à la cheminée si haute, qui ne ressemble pas aux cheminées des maisons de la ville, et aussi au lit de Charlot. C'est un petit lit de campagne : tout simplement une caisse (sans couvercle) montée sur quatre pieds. A la ville, les enfants ont plutôt des berceaux en paille, comme des corbeilles, ou bien de petits lits de fer.

On ne voit pas toute la chambre; on ne voit qu'une partie de la cheminée, une partie de la fenêtre, une partie de la porte, une partie de la table, une partie de la chaise placée devant le feu. Sur la cheminée il y a une soupière et un flambeau (ou un chandelier); sur la table un broc et une tasse.

---

### SECTION DES GRANDS (*de 4 à 6 ans*)

Il y a bien des choses à ajouter, pour les plus grands, au sujet de cette image. Le premier mouvement de Charlot n'est pas généreux; sa surprise est mêlée d'un certain déplaisir; ce n'est pas le contentement qui rayonne : il est évident que Charlot voit dans Mimi un fâcheux qui vient lui prendre une partie de ce qui est à lui. Les bras de Jacqueline, par exemple, ne sont-ils pas destinés à ne porter que monsieur Charlot? et cette tasse qu'il faudra prêter? Ce sentiment qui s'appelle l'*égoïsme* est *naturel*, il est *humain*; il ne deviendrait coupable que *s'il persistait* (la nuance est facile à comprendre et il faut la faire comprendre), et nous savons qu'il n'a pas persisté, puisque Charlot, revenu de sa surprise, a été content d'avoir un petit camarade; Charlot n'est donc pas égoïste. (Et surtout n'accumulez pas les exemples, qui alourdiraient la leçon ou plutôt qui feraient une *leçon* de cette petite causerie toute familière.) Cette image peut aussi servir à donner une notion exacte de la face et du profil. Je l'ai choisie exprès parce que j'ai entendu un jour des enfants qui récitaient sans le comprendre un vers ainsi conçu :

« .... En le regardant de profil. »

« Je le leur ai pourtant expliqué », m'a dit la directrice. Et je ne doutais pas de sa parole ; je *sais* que l'on explique beaucoup dans les écoles maternelles ; je dirais presque que l'on explique trop... parce que, souvent, l'on explique à côté. La directrice en effet avait expliqué, mais elle ne s'était pas *assurée* que l'on avait compris. Il a fallu recommencer. Recommençons ensemble. « Quand on voit toute la figure : le front en entier, les deux yeux, le nez, la bouche, les deux joues, on voit la *face*. Mes enfants, placez-vous tous de telle sorte que je vous voie tous *de face*. Vous aussi, vous me voyez de face. Et pourquoi me voyez-vous de face?... C'est bien.

« Maintenant placez-vous de telle sorte que je ne voie que la moitié de votre front, un côté de votre nez, un seul œil, une seule joue, la moitié de votre bouche et la moitié de votre menton. Je vous vois *de profil*. Regardez-moi de profil ; pourquoi suis-je de profil?... C'est bien. A notre image, à présent : inclinez-la à gauche, vous voyez la bonne grosse face réjouie de Mimi (pourquoi le voyez-vous de face?). Maintenant regardez Charlot. Vous le voyez de profil (pourquoi?). » Quand on a bien répondu, faites faire deux ou trois fois l'exercice par tous les enfants, qui se placeront tantôt de face et tantôt de profil.

Et Jacqueline? Jacqueline ne se présente pas de profil, ni tout à fait de face ; mais il me semble inutile de donner en ce moment aux enfants une notion nouvelle. L'important, c'est que chaque notion nouvelle entre *bien droit* dans l'esprit et qu'elle y apporte la clarté, au lieu d'être une confusion de plus.

**Questionnaire.** — Pour les petits, le questionnaire du deuxième paragraphe suffit, je ferais seulement répondre tout de suite à la dernière question. (Pourquoi Charlot a-t-il l'air étonné? — Parce qu'il a vu, en s'éveillant, Mimi dans les bras de Jacqueline, et que ce n'est pas naturel.)

Continuant pour les grands nous demanderons : Qu'a fait Charlot à son réveil quand il a vu Mimi dans les bras de Jacqueline? — A-t-il été bien content de voir Mimi dans les bras de Jacqueline? — Qu'est-ce qu'il était, quand il n'était pas content? (Égoïste.) Quand est-on un égoïste? (— C'est quand on veut avoir tout le plaisir pour soi-même.) Charlot est-il resté égoïste?

Pourquoi Mimi était-il dans les bras de Jacqueline? — Parlez de la maison de Jacqueline. — Parlez de sa chambre. — Dites ce que fera Jacqueline lorsque Mimi et Charlot seront ensemble dans leur berceau.

## La petite marchande.

Il y a sur cette image une jolie petite fille et trois femmes un peu vieilles, surtout celle qui a un pain sous le bras; elle est un peu courbée ou voûtée. On n'a pas toujours besoin de voir la figure des personnes pour comprendre qu'elles sont jeunes ou qu'elles sont vieilles : cela se devine à leur manière de se tenir, de marcher, à leur *tournure* et aussi à leur manière de s'habiller.

Que font-elles, ces trois femmes? Elles regardent la boutique de la petite fille, qui s'appelle Madeleine. Voyez quelle jolie marchande! Elle est bien habillée, bien propre, et c'est d'un air aimable qu'elle dit : « Choisissez, Mesdames », en étendant ses bras tout blancs.

Les deux plus vieilles regardent des choux et des artichauts que l'on a mis à la hauteur de la fenêtre; la troisième lève la tête; je crois qu'elle veut acheter ce melon qui est sur la planche, entre deux choux.

Il y a aussi un lièvre suspendu au mur par les pattes de derrière; c'est un chasseur qui l'a apporté et vendu à Madeleine. Je crois que ces femmes ne l'achèteront pas, parce que les lièvres coûtent un peu cher.

« Choisissez! dit Madeleine de son air le plus aimable; les choux sont bien frais et bien pommés, ils feront d'excellente soupe, ou bien une bonne fricassée avec des saucisses; les artichauts sont tendres, vous pourrez les manger crus, avec du sel, ou à l'huile et au vinaigre; le melon est mûr à point, il sent bon et il a beaucoup de jus (il est parfumé et succulent); si vous ne le voulez pas tout entier, je puis le partager. En voulez-vous la moitié? en voulez-vous seulement quatre côtes? »

Ah! je vous assure que si Madeleine ne vend pas, ce n'est pas sa faute; elle a un ton si engageant, elle dit tant de bien de sa marchandise, et puis elle est si honnête, que l'on s'arrange presque toujours avec elle.

Les trois *clientes*, ou, si vous préférez, les trois acheteuses, marchandent un peu, elles disent que c'est trop cher aujourd'hui; mais elles finiront par acheter.

La plus âgée a déjà acheté un pain : un pain fendu au milieu (il y a moins de mie dans les pains fendus que dans ceux qui sont en forme de rouleau ou que dans les pains ronds). Elle a aussi acheté du lait, ou du bouillon qu'elle porte dans sa boîte au lait ou dans sa boîte à bouillon. La seconde femme a un panier au bras; la troisième a les bras croisés par derrière. Elle a l'air d'avoir bien envie du melon; seulement elle pense que le melon est une friandise dont on peut se passer, et qu'il vaut mieux s'occuper d'abord de ce qui nourrira son mari et ses enfants.

Madeleine est bien jeune, elle n'a que douze ans, mais c'est une bonne travailleuse, qui fait déjà bien attention aux choses, et c'est bien heureux pour son papa et sa maman.

Depuis qu'elle est sortie de l'école, elle leur rend de grands services.

Sa pauvre maman est malade depuis bien longtemps et ne peut s'occuper ni du ménage ni de la boutique. Comment aurait pu faire le papa sans Madeleine? Car il faut bien qu'il aille à la halle tous les matins pour faire ses provisions. Lorsqu'il part en poussant sa petite voiture à bras, Madeleine vient dans la boutique, elle la balaye, essuie le comptoir et attend les acheteurs; elle est toujours polie avec eux et, comme elle sait très bien compter, elle ne se trompe jamais en rendant la monnaie.

La petite marchande.

Cette boutique, dans laquelle il y a des fruits et des légumes, s'appelle une fruiterie, et Madeleine est une petite fruitière. Au printemps, en été, en automne, sa boutique est bien approvisionnée, et comme elle fait plaisir à voir, surtout pendant la saison des fraises et des cerises! l'hiver il y a beaucoup moins de bonnes choses, et quelquefois il n'y a presque rien, surtout quand il a fait bien froid et qu'il y a eu de la gelée.

Eh bien, devinons en quelle saison on a fait le portrait de la boutique de Madeleine. C'est vers la fin de l'été.

Savez-vous ce qui me l'a fait deviner ? C'est le melon. Les melons ne mûrissent que lorsqu'il a fait bien chaud.

**Observations pour les maîtresses.** — Cette image est si simple et l'explication en est si élémentaire que je ne crois pas utile d'indiquer un chapitre pour les petits, et un autre chapitre pour les grands.

Cependant il sera peut-être judicieux de réserver la seconde partie à ces derniers.

**Questionnaire.** — — Montrez la petite marchande. — Montrez les trois femmes. — Montrez celle qui a les mains au dos. — Celle qui porte un pain et une boîte au lait ou au bouillon. — Celle qui porte un panier. — Que regardent-elles ? — Pourquoi regardent-elles les choux, les artichauts, le melon, le lièvre ? — Que leur dit la petite marchande ? — Pourquoi n'achèteront-elles ni le lièvre ni le melon ?

Qu'est-ce qu'une marchande ? — Comment appelle-t-on les personnes qui achètent ? — Quel âge a Madeleine ? — Madeleine est-elle une fille courageuse ? — Que fait-elle pendant que son papa va à la halle ? — Que fait sa maman ? — Comment appelle-t-on une boutique où l'on vend des légumes et des fruits ? — En quelle saison a-t-on fait le portrait de la boutique de Madeleine ? — Un enfant va me parler de la boutique. — Un autre des clientes. — Un autre, du papa de Madeleine. — Un autre, de la maman de Madeleine. — Un autre, de Madeleine.

## Médor a sauvé Georges.

### I

Il y a des images qui font sourire; il y en a qui serrent le cœur et donnent envie de pleurer.

Celle-ci est-elle gaie? — Oh non! Elle est même bien triste. — Pourquoi? Parce qu'il y a un petit garçon qui est peut-être mort. Sa mère, accroupie auprès de lui, a posé une main sur sa tête. Est-il encore chaud? car s'il était tout froid, il ne serait plus en vie.

Voyez comme la pauvre mère a l'air affligé! comme elle a l'air anxieux (ce qui veut dire extrêmement inquiet).

Il y a bien de quoi. Le petit garçon, qui s'appelle Georges, a une profonde blessure à la tête; le sang coule sur ses cheveux, et il est si faible qu'il ne peut plus ni bouger, ni parler, ni penser. Georges est blessé à la tête; Georges est évanoui. Sa mère est anxieuse, parce qu'elle ne sait pas encore s'il guérira; le jardinier, lui aussi, est triste et inquiet; le chien a l'air fier, il agite la queue et l'on dirait qu'il veut dresser ses longues oreilles. C'est étonnant! Il a donc un mauvais cœur de chien, le beau Médor? Il n'a donc pas d'amitié pour son maître, qui est aussi son compagnon de promenade?

Qu'en pensez-vous?

Si vous voulez, nous allons réfléchir tous ensemble, et j'espère bien qu'à nous tous nous finirons par deviner pourquoi monsieur Médor a l'air si fier quand Georges est blessé et évanoui, et que sa mère et le jardinier sont si malheureux.

Regardons le paysage après avoir regardé les personnes et l'animal.

On est sur le versant ou, si vous aimez mieux, sur la pente d'un coteau. Est-il bien fertile, ce coteau? C'est-à-dire y a-t-il beaucoup de plantes, soit des arbres, soit des arbustes, soit du blé ou du seigle, ou de la vigne, ou de l'herbe? — Non. C'est un sol pierreux. On dirait presque qu'il se démolit, ce coteau; les pierres se séparent les unes des autres; elles se disloquent et probablement qu'elles roulent quand on met le pied dessus. Ce coteau me paraît un peu dangereux; pour ne pas tomber il faut avoir le pied sûr et marcher avec précaution, quand on le gravit ou qu'on le descend.

Que voyez-vous au pied du coteau? Est-ce une route? un chemin? Un sentier? C'est de l'eau. Un ruisseau, peut-être même un très large ruisseau, profond au milieu, et dont l'eau court très vite parce que la pente est très raide — un torrent — coule au pied du coteau...

Alors... si les pierres se détachent quand on marche, si elles roulent, si l'on roule avec elles, que peut-il arriver? C'est qu'après s'être blessé en tombant et en dégringolant, on se noie dans le large ruisseau au courant rapide. C'est décidément très dangereux d'aller sur ce coteau.

Est-ce que nous comprenons maintenant ce qui est arrivé à Georges? Oh oui! Nous pouvons dire qu'il a dégringolé, qu'il s'est blessé à la tête et qu'il est tombé dans le torrent.

Et il ne s'est pas noyé? et il a eu la force de s'en tirer tout seul? — Non, puisqu'il s'est évanoui.

Mais le brave Médor n'entend pas que son cher petit maître se noie. Il a sauté dans l'eau, il a pris entre ses

Médor a sauvé Georges.

dents la veste de son ami, et de toutes ses forces il l'a tiré, tiré vers la terre ou vers le bord. Il lui a fallu beaucoup de temps, car le fardeau était bien lourd pour lui; mais le bon chien n'a pas épargné sa peine, et enfin il a déposé son ami hors de l'eau.

Un chien peut sauver un enfant qui se noie, mais il ne peut pas lui donner ensuite des soins pour le guérir. Médor sait très bien cela : aussi n'a-t-il pas perdu son temps auprès de son ami blessé; il est arrivé à la maison, il est allé droit à la chambre de la mère de Georges, et en gémissant, en s'accrochant à sa robe, il lui a fait comprendre qu'il fallait le suivre.

Médor a repris alors sa course vers le dangereux coteau, s'arrêtant de temps en temps pour ne pas que M$^{me}$ Bernard perdît sa trace; en route ils ont été rejoints par le jardinier... Et maintenant voilà : La maman est près de son fils; Georges sera guéri, et c'est Médor qui a sauvé son petit maître. Vous comprenez maintenant pourquoi il est si fier !

Résumons à présent, ou, si vous le voulez, racontons l'histoire en quelques mots, pour les petits.

Georges est allé à la promenade avec son chien. Ils sont arrivés au haut d'un coteau où il y avait beaucoup de pierres qui n'étaient pas solides du tout. Une pierre a roulé sous les pieds de Georges; il a dégringolé, il s'est blessé à la tête et il est tombé dans le torrent.

Médor a sauté dans l'eau; il a pris entre ses dents la veste du petit garçon, et, quoique ce fût bien lourd et bien difficile, il a tiré son petit ami jusqu'au bord, puis il a couru chercher la maman de Georges.

## II

Les grands pourront, sans doute, retenir quelques définitions ou quelques formules qu'ils auront bien comprises.

Être si faible que l'on ne peut plus ni bouger, ni parler, ni penser, c'est être évanoui. Quand on ne sait pas du tout ce qui va arriver, que l'on craint, que l'on est troublé, on est inquiet. Être anxieux, cela veut dire être très inquiet.

La pente des montagnes, des collines ou des coteaux s'appelle le versant de la montagne, de la colline ou du coteau.

Le sol sur lequel les plantes poussent est un sol fertile. Le sol sur lequel les plantes ne poussent pas est stérile. Les ruisseaux et les rivières qui courent très vite parce que la pente est raide sont des torrents.

Un chien peut retirer de l'eau un enfant qui se noie.

Un chien ne peut pas soigner un malade, mais il peut aller chercher du secours.

Quand on est obligé de marcher dans un endroit dangereux, il faut faire attention, il faut être prudent.

Les grands frères et les grandes sœurs ne doivent pas conduire leurs petits frères et leurs petites sœurs dans les endroits dangereux.

**Observations pour les maîtresses.** — Un questionnaire spécial est inutile, puisque l'explication s'est faite à l'aide de demandes et de réponses. Tous les questionnaires précédents ont d'ailleurs donné le ton. Règle générale, les questions doivent être courtes, claires, ne pas s'égarer. Laissez répondre d'abord dans le langage propre à l'enfant, n'entravez pas le travail de sa pensée, rectifiez ensuite et faites répéter à tous.

# TABLE DES MATIÈRES

L'imprudence de Jacques.................................... 1
Juliette, sa poupée, son chat et son canari................ 10
Le brave petit Paul........................................ 15
La chasse au rat........................................... 21
Une école d'autrefois...................................... 26
La poule qui a couvé des œufs de cane...................... 32
Le corbeau prisonnier...................................... 37
Trop tard!................................................. 42
C'est de l'or.............................................. 47
Le soulier de Noël......................................... 52
Les mauvais garnements..................................... 57
La guerre.................................................. 61
La gymnastique............................................. 65
Les échasses............................................... 71
Le départ pour la vigne de grand'mère...................... 76
Le braconnier.............................................. 82
Les deux amis.............................................. 86
Pour l'arrivée de papa..................................... 90
Le lièvre.................................................. 95
Saute, Marquis !........................................... 100
La vanité de tante Clotilde................................ 105
Les amis de M. Gilbert..................................... 110
Le petit berger studieux................................... 115
Maurice le rageur.......................................... 120
Jacques et Minet........................................... 125
Encore Jacques et Minet.................................... 129
Jacques tout seul.......................................... 132
L'œuf de la poule noire.................................... 135
La grande sœur............................................. 140

## TABLE DES MATIÈRES.

| | |
|---|---|
| Daniel, le petit cuisinier | 145 |
| Le frère de lait et la sœur de lait | 149 |
| L'excursion dans la montagne | 154 |
| L'imprudence de Michel | 159 |
| Isabelle et Coco | 164 |
| L'incendie | 169 |
| La petite ménagère | 174 |
| L'aide-cuisinier | 179 |
| La main chaude | 185 |
| Le secret de Félix | 189 |
| Le portrait de la vache | 194 |
| Les chèvres | 200 |
| Le compliment pour la grand'mère | 206 |
| Les vacances de Marie | 212 |
| Pierre a récité sa fable | 218 |
| Une bonne trouvaille | 223 |
| Georgette n'a pas été loyale | 229 |
| La grappe de raisin | 234 |
| Le chagrin de Rosalie | 239 |
| Le filet du père Yves | 245 |
| La surprise de Charlot | 251 |
| La petite marchande | 257 |
| Médor a sauvé Georges | 261 |

FIN DE LA TABLE DES MATIÈRES.

10,173-00. — CORBEIL. Imprimerie CRÉTÉ.

www.ingramcontent.com/pod-product-compliance
Lightning Source LLC
Chambersburg PA
CBHW050655170426
43200CB00008B/1293